ぼくの目ざわり耳ざわり

普久原恒勇

ぼくの目ざわり耳ざわり

まえがき

二〇一六年の夏だったと記憶する。文化部芸能担当記者の大城徹郎さんが茶封筒を手に取材先から戻ってきた。普久原恒勇さんから原稿を預かったという。

「書き溜めていたものだけど使えるだろうか、と普久原先生がおっしゃっていました。どうしましょうか」。大城さんはちょっと困ったように言う。

「先生の原稿って、ホント?」。普久原さんのインタビュー記事は幾度か読んだことがあるし、取材で直接お話をうかがったこともある。しかし、ご本人が書いた生原稿を目にしたことはなかった。

半信半疑で封筒から原稿用紙の束を取り出した。マス目からはみ出した個性的な文字が目に飛び込んできた。直筆だ、これが普久原さんの文字か、などと感心しながらエッセイ数編を読んだ。

驚いた。「芭蕉布」や「ヘイ!二才達」「チョッチョイ子守唄」など、長年親しんできた普久原メロディーの世界とは異なる風景が原稿用紙の上に広がっている。いや、これこそ普久原メロディーの知られざる源泉なのかもしれない。

話題は音楽にとどまらない。芸能、歴史、風習、そして日常生活のちょっとしたこぼれ話を縦横無尽に綴っている。あちこちにワサビも効いていて、読む人によっては胸にチクリと来るかもしれない。ここはヤーチュー（お灸）と言うべきか。

これは載せないわけにはいかない。きっと読者も驚くだろう。大城さんを通じて、さっそく連載をお願いした。連載タイトルは「ぼくの目ざわり耳ざわり」に決まった。普久原さんの発案である。内容にぴったりだ。

開始早々、読者から反響があった。エッセイが載る日曜日が待遠しいという。当初は半年程の連載を想定していたが、普久原さんから原稿が次々届いた。一番最初の読者となる連載担当の役得を半年余り楽しみ、担当を後任に譲った。

その後も連載は続き、気がついたら二年半である。ここまで書き連ねてくださった普久原さんに改めて感謝申し上げたい。挿絵で毎週伴奏してくれた古謝茜さんにも多謝。

一冊の本としてまとめるにあたって一〇〇本余のエッセイを読み返して感じるのは普久原さんの言葉へのこだわりである。六十年に及ぶ音楽活動の中で、さまざまな作詞家たちが紡ぎ出した歌詞と向き合い、時に格闘してきた人だ。全編通じてウチナーグチに関する話題が豊富なのも納得できる。

そして、懐かしい沖縄の光景が目に浮かぶ。例えば、普久原さんも作品で描いた、ゆうなの花が咲く路地だ。かつては道ばたで、ゆうなを見掛けたものだ。大きな葉は便所で用を足す時、紙の代わりに使ったのだと母に教えてもらったのは7歳くらいのころだったか。エッセイを読みながら風に揺れるゆうなの花を思い出した。

この本は五線譜と音符で沖縄を描いてきた普久原さんが原稿用紙と文字で沖縄を奏でた、もう一つの「普久原メロディー」なのかもしれない。ぜひ、活字を目で追いながら、どこの国にもない沖縄だけの調べを聴き取ってほしい。

琉球新報社会部長　小那覇　安剛

ぼくの目ざわり耳ざわり

もくじ

本書は「琉球新報」二〇一六年八月七日～二〇一八年十一月二十五日の連載を一部修正したものです。

第121～123話は、発刊にあたって書き下ろしたものです。

第1話　こころ

人間の心って、いったい、からだのどこ？　という話題になり、一も二もなく「そりゃ頭（脳）に決まってるじゃないか！」で落着した。

昔、中国では心は文字通り心臓にある、という。心臓移植《しんぞういしょく》を受けた人が心臓提供者、ドナーの家へ帰っていった、という話もある。心臓は記憶するのだろうか。

しかし日本人の心は、どうやら腹らしいのです。心の中を腹の内といい、心の大きい人を太っぱら、心根が悪い人は腹黒い、怒れば腹を立て、納得《なっとく》すれば腹に落ちる、腹を割って話し合い、覚悟を決めることを腹をくくる、ほかにも腹を痛める、読む、探す、肥《こ》やす、癒《い》やす、のように意思、感情を腹で表すのです。日本武士道の自刃《じじん》、切腹の作法も心をさらけ出すという意も含まれると聞きました。

つまり人の心は中国では心臓に、日本では、はらわたに、さて西洋ではどこについてる？と英語の詳《くわ》しい人に訊《き》いてみた。

英語で心の中、思考するところはマインドというらしい。ただし愛情が宿るところは別、ハートです。心意気を示すところはスピリット、なんと余裕を持って心を三《み》ところに準備しているようです。

ハートトラブルという言葉があるので、それは夫婦げんかのことでしょう！　と言ったら間違いでした。心臓病ですって…。

それにしても人は、いろいろな場所に心を置くのは興味深いことですネ！

ところで琉球民族の心はどこでしょう。そうなんです、肝臓なんです。心は肝臓にしたのです。

いとしいことを「肝《ちむ》がなさん」、淋しいことは「肝しから一さん」、心根の良い人のことは「肝美《ぢゅ》らさん」、気色悪いは「肝はごーさん」と言い、この肝の表現がいっぱいあるので稿を改めますが、まず身近なところでのんびりしている人のことを、「クリガ肝ヲ、アドゥンカイル、サガトール（こ奴の心は踵《かかと》についている）」と言うのです。良い言葉ですネ。心がズシン！と踵《かかと》まで落ちてくるのですから……。　ま、このような人はよく言えば泰然《たいぜん》自若《じじゃく》として、ものごとに動じない人、悪く言えば覇気《はき》がなくぼーっとしている人です。

翻《ひるがえ》って考えてみれば、我らモンゴロイドの心のオキドコロを心臓、肝臓、腹などの五臓六腑《ろっぷ》に置くのであれば、人の六腑の中にある、今ひとつの場所、無形有用《むけいゆうよう》、形無くとても大切な働きをする「三焦《さんしょう》」、このあたりに心を置いてみれば、がぜん神秘的になるんだけど、どう思います？

第2話　キンチョーのすすめ

披露宴会場で来賓祝辞のスピーチ、そのあまりの長さに客席から万雷《ばんらい》の拍手が起きた。終了を促《うなが》す、やんやの喝采に乗《じょう》じて「それでは最後に…」としゃべり続けたので場内はどよめいた。

言うまでもなく、この賓客《ひんかく》上がっているのです。上気して頭が真っ白けのまま話が止められない！

よくあることですが、聞いている方はとても気を揉《も》みます。

人、不慣《ふな》れなことをすれば誰だって緊張します。客が多いと一層緊張《いっそうきんちょう》は大きくなるのは周知の通りです。

このキンチョーって一体ナンナンデスカ。知人の識者《しきしゃ》に訊《き》いてみた。曰《いわ》く「キンチョーとは感情の主要次元の一つで単一刺激、つまり弛緩《しかん》できず、事態の平和的解決が望めない心理状態…」「?」訊くんじゃなかったと思える答え、私には何の足しにもならなかった。

この「アガル」という現象は華やかなステージの歌い手や舞踊家にも起きます。うたの巧《うま》い歌手でありながら、その歌に魅力を欠く人と、拙《つたな》いうたで聴く人を惹《ひ》きつける歌手がいるのは、本番前のキンチョーの有無が大きく影響しているように思えるのです。

舞台が平気でいられる歌手は、その声が巧みであっても訴《うった》えるものは小さく、出番前のキンチョー、どきどきの人って存外聴く人の心を打ったりするものです。

いやいや〝中《あた》らずと雖《いえど》も遠からず〟です。

アガル人が必死であるのに対し、アガラナイ人は多少客を侮《あなど》っているために、持ち前の芸が萎《しお》れて見えてしまうのです。

昭和の大歌手、彼《か》の美空ひばりの楽屋にテレビのドキュメントカメラが入り、本番前のひばりの表情を捉《とら》えた。ひばりは緊張のあまり、じっとしておれず、そこいら中、熊のように歩き回っているのです。

なるほど、名人はアガルから名人なのだ。何とも合点のゆく映像を観《み》たわけです。キンチョー過多のスピーチも問題ではあるが、キンチョーの無い芸人はもっと問題だということでしょう。

けだし芸をする者、初心そのままに、いついかなる舞台であれキンチョー、ハリツメを上《じょう》とすべし！　なのですね、きっと…。

手に汗を握る舞台の清清《すがすが》し　玄子

第3話　円熟しないでください

ある舞踊家のをどりを観《み》た日、舞は完璧《かんぺき》と思われる所作《しょさ》にもかかわらず、そのをどりに花が感じられないのは、何故《なぜ》だろう。もうお若くないから？　少しお肥《ふと》りになったから？「昔乙女、今太《ふと》め」という良くできたCMがあるが、でもそればかりではないようだ。演目に「円熟《えんじゅく》の舞」と謳《うた》っている。はてな、円熟の正体は？　辞書を引いてみた。

〝円熟とは人格技能などが熟達して、豊かな内容を持つに至ること〟と出ている。先ごろ私が拝観《はいかん》した舞、それが熟達《じゅくたつ》したものかどうか素人目《しろうとめ》では分からない。しかし、直感として誰でも花の有り無しは感じとれるものです。

「華」「花」は芸能界独自のものではなく、人は誰でも花を持っています。中でも年頃の娘さんは美しい花です。女の美しさを表す言葉に「朱唇皓歯《しゅしんこうし》」がある。美人は赤い唇と白い歯だというのです。しかし、芸をする人達に限っては朱唇皓歯の条件を満たさずとも花があります。美しい歌声、端麗《たんれい》な舞、身のこなしが花なのです。

花のある芸は観る人を感動させます。が、稀《まれ》に花のない芸に触れた時、私たちは萎《しお》れた花を感じてしまいます。

世界最古の芸能「能」観世流《かんぜりゅう》の能楽師《のうがくし》、中森晶三の著書に、能役者が芸を身に覚えさせる時間を次のように記している。「**仕舞《しまい》二年、小鼓《こつづみ》三年、笛五年、太鼓八年、謡《うたい》十年**」。この年月をかけてから円熟を目指すのです。

琉球古典舞踊の諸屯《しゅどうん》など女七踊りを創作した玉城朝薫《たまぐすくちょうくん》も大和《やまと》に渡り、日本の能を修得、琉球の舞と組踊を完成させました。享年五十の朝薫に円熟期があったのだろうか！

もともと戯作者《げさくしゃ》は裏方。表に出るはずはなく、それでも、もしや一度くらいは舞台に立ったのでは…と思い乍《なが》ら朝薫については何一つ知らない。

そこで、現役の歌い手に言えることは、突き抜けるような声であれば、立派な花ではあるが、年とともに声帯が萎《しぼ》み、声が嗄《か》れはじめたらスッ！　と身を引けば潔《いさぎよ》い。それができないんです。私が長年関《かか》わってきた歌い手の中にも「盛者必衰《じょうしゃひっすい》」をまるで心得ていない人がいます。「おや！　今日は声が出ていないぞ！」と訊《き》けば、おざなりな応《こた》えがかえってくる。「風邪気味なので…」という。声の嗄《か》れは体の枯れなのです。老いの日の舞台、不安定な三絃のチンダミに張りの無い声、黄昏《たそがれ》を感じます。

ボクだけの結論！　円熟とは技《わざ》の熟達の中に枯渇《こかつ》も含まれる…。

第4話　五音のエネルギー

今、私たちが歌っている「うた」と呼ばれている曲のほとんどがドレミファソラシの七つの音からできています。この七音のほかに五つの音で作られた曲のことを、五音音階《ごおんおんかい》（ペンタトニック）と呼んでいます。それぞれの国が独自の五音音階を持ち、世界中に分布《ぶんぷ》しており、日本民謡、琉球民謡、学校唱歌、琉球の古典音楽に至るまで五音の曲は山ほどあります。

世界中で一番多い五音音階は「ドレミソラ」の五音、これを民謡音階と呼び、日本では別名「ヨナ抜き音階」とも呼ばれます。ヒフミヨイムナの音の四つ目の「ヨ」と七つ目の「ナ」が抜けているためにこの名があります。

ヨナ抜き音階は日本の童謡、唱歌などに多く見られ、「鳩ぽっぽ」「こいのぼり」「赤とんぼ」「富士の高嶺に降る雪も京都先斗町《ぽんとちょう》に降る雪も…」の「お座敷小唄」、朝鮮の「アリラン」、宮古の「伊良部トウガニー」、八重山の「トゥバラーマ」、沖縄本島の「安波節」、スコットランドの「蛍の光」、イギリスの「アメージンググレイス」など、すべてこのヨナ抜き音階で作られています。

なんと多彩《たさい》！　同じ音階とは思えませんネ。音の並べ方でこうも曲が変化するのですから…。五音音階のほかに沖縄には珍しい四音で出来た曲、三音のうた、たった二音で作られた歌などがありますが、稿《こう》を改めます。

さて、このヨナ抜きとは全く別の形をなすヨーロッパに「ドレミファソ」と順序よく並んだ五音音階があります。ドイツの五音の歌で「幼いハンス」という曲が日本に入ってきて、これに日本語の詩を付けたのが「ちょうちょ、ちょうちょ、菜の葉にとまれ」という歌です。「ドレミファソ」という不思議な形の音階は日本や琉球にはまるで存在しません。この狭い音階の中でよくぞ、メロディーが書けるものだと、これを操《あやつ》る楽人たちに心から敬意を払っています。

ベートーヴェンの第九交響曲、終楽章「歓喜の歌」も、このドレミファソの五音です。一方アメリカ、ニューオーリンズの黒人たちから生まれた「聖者の行進」もまたベートーヴェンに同じ、この音階でできています。

クラシックの名曲とジャズの名曲、同じ音階、異なる音楽、なんと奇跡《きせき》的《てき》な出来事でしょう。ま、日本のお座敷小唄と、ゴスペルの名曲「アメージンググレイス」とが同じ音階であることも、よりミステリアスなことではありますが…。日本の「赤とんぼ」をはじめ、「歓喜の歌」や「聖者の行進」が永久不滅《ふめつ》の名曲であり続けるのはやはり、この五音の持つ大きなエネルギーのせいだと思えてなりません。

第5話　笑い事じゃない

昭和十八年、末っ子の弟が生まれた時私は十二歳だったので、はっきりと覚えている。生まれて何日目だったか父がヤーヌクシー（裏庭）で一包みのものを埋《う》めた。それは何？と訊《き》くとイーヤーだと言った。この作業を「イーヤームドゥシ」と言って、これを埋めながら家中の皆が大声で笑わなければなりません。おかしくもないのに、笑いを強《し》いられるという不思議な体験をした。それにしても何を埋めたんだろう。どうして笑うのだろう。どこの国の習わしだろう！

調べてみたら倭《やまと》にあった。倭ではこの行事を「胞衣納《えなおさ》め」と呼び、胞衣とは胎児を包んだ膜（胎盤）、沖縄では「イーヤー」を産後五日から七日に胞衣と吉方《えほう》の土中に埋めながら大笑いする室町時代からの儀式で、この笑いを「胞衣笑い」というそうです。

生まれ出た赤児《あかご》の健康を祈願しての儀式なのでしょうか！　室町と言えば七百年も前の大昔。今や、この習俗、滋賀県と沖縄県にのみ残る、と記されている。不思議な行事です。

新年の笑いを「初笑《はつわら》い」、足に力が入らない時は「膝《ひざ》が笑う」といい、俳句では**「故郷《ふるさと》やどちらを見ても山笑ふ」**（正岡子規）の名句があります。琉歌の花も笑います。**「露ぬ玉**

かめてうち笑て花ぬ　咲き出《じ》たる姿《しがた》いちんいやらぬ」

戦時中の私たち学童には逆の現象が起きていました。笑うと学校の先生から叱られたのです。「男子たる者、みだりに歯を見せるなど何事か！」と叱責《しっせき》を受けます。怖かったですね！　男の子は常に口を閉じて凛々《りり》しくしていなければなりません。儒教《じゅきょう》の訓《おし》えだとするシカメツラで、そのような風習に慣《な》れていないウチナーンチュ、にこりともしないこの男をどう思ったのでしょう。そりゃ決まっています！「ヤナ、カマジサーヤ！」です。

寡黙《かもく》の人は評価が少し低いんです。口数の多い「ユンタクー」よりはましですが、それにしても倭の笑い方の多いこと。そら笑い、似非《えせ》笑い、高笑い、含み笑い。沖縄ではそれほど多くありません。否！　私が見つけてないかも…。

フリワレー、サーワレー、シラワレー、ヤナワレー、ナマジラ（生面《なまづら》）ワレー。この生面が良いですね！　この笑い方、倭には無いみたいです。もひとつ沖縄独自の素晴らしい笑い方があります。「カタクチワレー」片口笑いです。口の半分で笑い、残り半分は黙《もく》するのです。

雰囲気はうすら笑いに似ているが、カタクチワレーはどんな時に使うの？「アンタ私のことひょっとして陰《かげ》で笑ってるんじゃないの？」とか「今に見てろよ！」などの時にこの笑いをします。「片口笑い」なかなかの言葉ですネ。

第6話　芸は一つ

日本のうたびとの中には、素晴らしい詩を詠《よ》み、これに美しいメロディーを付《つ》け、自らの美声でこれを歌い、大衆から愛される、という何とも恵まれた才《さい》ある人たちがいるのです。

沖縄のうたびとの中でも、歌も巧く、三絃《さんしん》も上手という人もいないではないが、元来歌が良ければ、三絃がイマイチ！　三絃の腕は立つが、歌がそれほどでも…という人もいるのです。稀《まれ》に歌って良し、弾《ひ》いて良し！　歌は自分で作り、舞台では司会もやってのける達人が在《お》り、これを多才と呼ばれる半面、器用貧乏と揶揄《やゆ》され、「多芸は無芸」の言葉通り、でき過ぎる人は却《かえ》って芸人としての評価は低くなります。

〝秘すれば花、秘せずは花なるべからず〟という世阿弥《ぜあみ》の名文。聞くところ「お前には秘すほどの花をお持ちか？」ということが真意らしいのです。秘密にして誰にも見せたことのない芸を持っているべきだというのだろうか。否《いや》、芸人はあれもこれもやるな！　ということなのかもしれない。この名言「秘すれば花…」は私が「風姿花伝《ふうしかでん》」を目にしたわけではなく、名高い学者の著書からのウケウリなので、これについての私見《しけん》はまるで無い。ただ感じとれるのは、あの芸もこの芸も…と、お客さんに凡庸《ぼんよう》なものを提供しないで、歌一本で行くなら、先達名人のうたを真似ず、独自のものを編《あ》み出し声を出してみる。をどり一本で行くその前に、三百年前の玉城朝薫は日本で能を学び、琉球に戻り、何故あのような諸屯《しゅどぅん》、かせかけ、柳・天川の美しいをどりを振り付け、完成させたのか！と思いつつ、私たちの世紀の今を、どう舞うかをさぐり求めてみてはどうだろう。うた三絃のカチャーシーが上手？　それだけで芸と言ってほしくないのです。

三絃はうたの伴奏用、それ以外に琉球国に、これまで存在しなかった三絃楽曲を工夫してみる、外国の音に触《ふ》れてみるとか…。イタリアの作曲家パガニーニの曲を聴いてみる、楽器は多彩！　いろいろな奏法があることを教えてくれる。密《ひそ》かに音を探求《たんきゅう》、これまでにないうれしい奏法を見つけ出し、曲を完成させたらとりあえず発表はせず秘すればよい。その時にこそ、我が琉球にもやっと、〝秘すれば花〟と呼べるものが生まれたことになるのです。

芸の人一人一人が真剣に、たった一つを考えることで、きっと素晴らしいことが起きそうに思えるのです。昔の人は申しております。

〝百芸は一芸《いちげい》の精《くわ》しきに如《し》かず〟と。

〝僕の前に道はない　僕の後に道はできる〟　高村光太郎

第7話　ああ嘘の人

ラーメンの宣伝で「嘘だと思ったら食べてみて下さい」という良くできたテレビCMがある。人は嘘をつくもの！　という、素晴らしいコピーだ。昔も今も私たちは相当量の嘘まみれの中で暮らしています。

結婚披露宴の媒酌人《ばいしゃくにん》は、すさまじい嘘で新郎新婦を讃《たた》え、会場ご臨席《りんせき》のみなさんも大嘘と知りつつ、これに大きな拍手で応《こた》えます。

古くから「仲人七嘘《なこうどななうそ》」という言葉があるように、この偽《いつわ》りの中から華燭《かしょく》の典が繰《く》り広げられるわけです。素晴らしい習慣ですネ！

もし、そのスピーチが真実だけを伝えたら、とてもシラケた会場となります。「この野郎もともと馬鹿な奴で、学校はいつも山学校、ディキランヌーのトットローでした」とは言えませんよネ！

古今亭志ん生の小咄《こばなし》がある。疎覚《うろおぼ》えだが…

〝過《あやま》って梅干しの種を呑《の》み込んでしまった男の頭から芽を出したのは桜の木だった。木は、みるみる大木となり春が来て桜の花が満開、花見客が押し寄せ、どんちゃん騒ぎ、うるさくて大変なので、思いきって木を抜き取ったら、ぽっかりと大きな穴が開《ひら》き、その穴に水がたまり池となった。池の周《まわ》りは連日、釣り人でにぎわい、もう寝ることもできない。苦しさのあまり、この男、遂にこの池に身を投げて死んだ〃というハナシ。

そこでこの小咄《こばなし》の中で一番大きな嘘はどれ？　と訊かれて、皆呆気《あっけ》にとられるという仕組みです。正解は池に入水《じゅすい》したところ…これだけはあり得ない大嘘というのです。その他はあり得ると言うのか！　あると言うのです。しかし、どうせ嘘に決まっている。嘘は罪です。諺がある。

〃大嘘つくも小嘘はつくな〃

でっかい嘘はいい、誰も信用しないから。小さな嘘は本当らしく聞こえて信じ込まれる危険性があるからやめろ！と言うのです。

斯《か》の孔孟《こうもう》の国、中国では「嘘つき祝い」というのがあり、旧暦十二月八日に豆腐を食することで、その一年中の嘘が消える、というありがたい行事です。豆腐は罪を贖《あがな》う力があったのです。ささやかな罪を冒《おか》したアナタ！

この豆腐〃嘘だと思ったら食べてみて下さい〃

第8話　虫たち

日本人は古くから虫の音《ね》を楽しむ習慣があります。

〝行水のすて所なき虫の声〟　鬼貫

虫をとても大事にしています。その鳴き声もさまざま、コオロギは「コロコロリ」、鈴虫は「リーンリーン」、松虫は「チンチロリ」、キリギリスは「チョンギース」、鉦叩《かねたた》きは鉦を叩くように澄んだ美しい声で「チンチン」、「馬追い」は馬を追う人の声に似て「スイッチョ」と鳴くと書かれています。終日虫の音を聴いていたい人のために虫売りまでいたそうです。虫の鳴き声は秋の寂しさが身に迫るのを感じ、時と場所により趣《おもむき》も違い、風情《ふぜい》がありぼす。虫の鳴き競《きそ》うことを「虫時雨《むししぐれ》」と呼び、盛りの期を過ぎて衰えた声で鳴く虫さえも「すがれ虫」と呼び、その声を労《いたわ》ります。

ある人が西洋人に訊きました。「あなたの国で、この虫の音《ね》を何と呼んでいますか？」「ハイ！　ノイズです」雑音と答えます。日本人は静かな音を良しとします。虫の音はもとより、地中に甕《かめ》を埋め、これに水滴を落として楽しむ「水琴窟《すいきんくつ》」の音色や、田畑を荒らす鳥獣を追い払うための「鹿威《ししおど》し」などコツン！という、とても心地良い音がします。

その美しい音をノイズとするヨーロッパでは、音と音楽とは、はっきりと区別して、建築で言えば煉瓦《れんが》のようなもの、積み重ねてゆくのが音楽としています。これに対し、日本の伝統音楽では一つの音でも音楽になり得るという考え方です。虫の音も水琴窟も鹿威しも、すべて音楽と言えるわけです。

これを一音成仏《じょうぶつ》といい、唯一《ただひとつ》の音でも無限の可能性を表現するという発想です。それにしても、沖縄の夏、我が家周辺のサンサナーのうるさいこと、話し声も聞きとれない程の噪音《そうおん》ですが、倭《やまと》ではこれを蝉時雨《せみしぐれ》といい、やかましいとは、どこにも書いてないんです。

松尾芭蕉の名句

〝閑《しづか》さや岩にしみいる蝉の声〟

とても静寂です…静かすぎる虫の句を書いておきます。

〝わが胸の骨息づくやきりぎりす〟　石田波郷
〝鉦叩き風に消されてあと打たず〟　安部みどり女
〝馬追いのうしろ馬追い来てゐたり〟　波多野爽波
〝隣り家も灯を消すころやすがれ虫〟　村山古郷
〝蝉鳴けり泉湧くより静かにて〟　水原秋桜子

第9話　ほんやく

日本には存在しなかった「民謡」ということばを作った人は明治の文豪・森鷗外だそうです。

この民謡ということばが無かった頃の日本では古いうたを「くにぶり」「さとうた」「ひなうた」「俚謡《りよう》」「俗謡《ぞくよう》」と呼んでいたようです。

文豪・森はドイツ語の「ＶＯＬＫ　ＳＬＩＥＤ」を「民謡」と訳したのです。民《たみ》の謡《うた》、古めかしくて、素晴らしい翻訳《ほんやく》ですネ。

同じく森は、音楽のシンフォニーを交響曲と訳しています。交《まざ》り響《ひび》く曲、実に的《まと》を射《い》た名訳です。

アメリカのベースボールを野球と名付けたのは俳人・正岡子規とあります。「電話」としたのは離れた場所でも電気の力で話ができる。「飛行機」は飛んで行く機械、「自転車」は自ら転がる車、「自動車」も自分で勝手に動く車？

輸入された楽器も日本語にしました。アコーディオンは「手風琴《てふうきん》」、ピアノは「洋琴《ようきん》」、ヴァイオリンは「提琴《ていきん》」。琴《こと》を提《ひさ》げる？

このテの翻訳はあまり定着しませんでした。

奇抜な訳は万年筆です。元の名は「ファウンティンペン」。ファウンティンは泉。ツケペンの時代、インクが泉の如く湧き出ることからこの名がある。

この魔法のペンを日本に輸入、売り出すにあたり、命名を工夫しています。直訳で「泉ペン」としたが、どうせなら長い方が良かろうと、十年筆《ふで》、百年筆、千年筆、万年筆《ふで》と決まり、今日の「マンネンヒツ」になったと書いてあります。

今、私たちに最も身近なラジオ、テレビが翻訳されず英語のまんまであることもチョット不思議です。それよりも何よりも、世の中は外来語、カタカナことばの氾濫《はんらん》、カタカナそのままに翻訳してないことに私たち年寄りは腹を立てているのです。

例

私のアンソロジーがグローバリゼーションをめざし、リスペクトするオピニオンリーダーにクリティシズムを願った。文面シュペリオリティーコンプレックスに溢《あふ》れ、ポテンシャルエナジーが弱い、モチベーションもビジョンも無い、よりプリミティブな…

「イェー、日本語シャベレ!…ジュンニ!」と思うわけです。

第10話　捨てないでください

ひと昔前まで親が子を育て、その子が大人になり、嫁を娶《めと》り子ができると、この家では最初の親だった祖父母の存在が少し疎《うと》ましく苦しい家計では、祖父母の扶養《ふよう》ができないため、老人はどこかへ行っていただかないと困るのです。

古くから「老《うぃ》イティ、ヤナムノー、人《ちゅ》」、世に老骨《ろうこつ》ほど嫌なものはない！　と言われ、言い伝えには「イチムセー、クルチンカマリーシガ、人ヲー、クルチェーカマラン」。獣《けもの》は食べることはできるが、人は喰《く》うこともできない。何の役にも立たない老人は捨てるしかない！　と言うのである。

困窮《こんきゅう》を極めた時代、口減《くちべ》らしで子どもは奉公《ほうこう》に出し、年寄りは早々に消えていただくのが理想でした。倭《やまと》に姥捨山《うばすてやま》の棄老伝説《きろうでんせつ》があるように、琉球でも「六十《るくじゅう》カラー畦《あむとう》ヌシチャ」。人間齢六十ともなれば、畦道《あぜみち》に行く年齢だぞ！　そのことば通り老人を連れて山や畦道に置き去りにするしかなかった時代だったのです。

孝行の邦《くに》　琉球のことわざに「親《うや》ブンノーヌ、子《くゎ》チクソー」がある。親はいつまでも子煩悩《こぼんのう》で子を溺愛《できあい》するが、子は親に対して畜生《ちくしょう》のように振る舞う。

「親《うや》ヌウンジェー子《くゎ》ニルウクユル」

亡き親の御恩は我が子にお返ししなさいと言います。

これほどに親を思う民族でありながら親を捨てる？　誠に理に適《かな》わないことがらです。

ハタと気がつくと我が身も、畦《あむとぅ》の下《しちゃ》の現実味を帯びてきました。

このごろ、
一、食が細くなった……老化
一、重いものが持てない……老化
一、歩くのが難儀……老化
一、水を飲むとユクヌーディーに入る……老衰
一、からだのアチコチ痛い……老衰
一、何もしたくない……心身耗弱《しんしんこうじゃく》
この老化が七つになったら、現役を退《しりぞ》くつもりだが、幸い今のところ老化は三つだけ。

今しばらくイケそうではあるが、老い先を思えばそろそろ、捨てられない工夫をすべき齢《よわい》に私たちはなっているのかもしれません。

第11話　嫌われた新曲

　沖縄民謡の歌い手から曲作りを頼まれて書いて差し上げたところ、この歌い手さん曲が気に入らないと駄目出しが来た。

　私たちが歌えるように、もっと易《やさ》しい曲にしてほしい、という。これじゃ歌えん！　と言ったのは民謡界随一の伊達《だて》男Kだ。

　当時は戦後の民謡ブーム、新曲ブーム。毎日のように新曲が生まれ出た。しかし、この新曲メロディーは判《はん》で押したように洋楽風で言えば、どれもこれもソシドから始まる作られ方。かねてからこの曲作りに不満を持っていたので、どうせならこれまでになかったメロディーにしてやれ、と沖縄に存在しない三拍子に旋律《せんりつ》もあえてソファミから初めてみた。

　K氏、これがまたお気に召《め》さない。こんな風な歌聴《き》いたことない、歌えないという。判《わか》った！　書き直すと言って、より難しい高いドシドから始めるメロディーを書いて差し上げたら「ユクチヂナタルムン」と首を横に振った。

「お願いだからフツーの歌作ってくれ」というものだから「これが俺のフツーなんだ」。

「あなたは私に曲を依頼したのが運の尽き、書いた通りに歌ってください」と半《なか》ば強制して稽古の途中、三拍子のある部分がどうしても歌えない。考えあぐねた末、その部分を四拍子にしたことで何とか歌うことができた。三拍子と四拍子が入り混ざった奇妙キテレツな歌になり、わだかまりを抱《かか》えたままレコーディング決行。無事ドーナツ盤で発売された。

ちょうどそのころ、町の社交ダンス教室で民謡にワルツがあると珍しがられ、舞踏曲に採用されたが、ある日ダンスの先生から、このワルツの民謡すばらしいけど、一カ所けつまずくところがある。ソコントコ何とかならんかと来た。既《すで》にレコードが市場に出回ったあとの祭りだった。

この記念すべきドシドの曲は「月眺《ちちなが》み」、三拍子の曲は「なれし古里」と発表してから今年で五十五年にもなる。

この歌に詠《よ》み込まれた水釜の浜で毎年「月眺み大会」がにぎにぎしく催されている。「なれし古里」も元の三拍子に戻され、伊波智恵子の歌唱で再録された。

五十年前、この曲に汗したK氏、今ごろきっと彼岸《ひがん》で苦笑いしているハズ。

第12話　シチゴチョー

日本語のリズムが七五調にぴったり合うことはよく知られている。

和歌、俳句、川柳、故事ことわざに至るまで、その七五調のひびきはなんとも耳触《みみざわ》りが良い。

江戸研究の杉浦日向子の本に女の顔の美しい形容に「一瓜実《いちうりざね》に二丸顔《にまるがお》」七五、男女の理想な体形は「かがみ女に反《そ》り男」七五、女子はうつむき加減が美しい、男子は体を後ろに反り返っているのがカッコイイ。

「男の目には糸を引け、女の目には鈴をはれ」七五七五、男の目は糸のように細いのが凛々《りり》しい。女の目は鈴のようにパッチリしたのが美しい。

現代は男女とも背丈がスラッとして高い方をサイコーとしているが、江戸の昔は手足の長い人を「カッパライの相」として忌《い》み嫌われた、と書かれています。

味覚も「香り松茸《まつたけ》、味しめじ」、家で威張って外では意気地のないことを「内弁慶《うちべんけい》の外《そと》地蔵《じぞう》」、焼き物では佐賀県の唐津焼、山口県の萩焼、京都の楽焼もリズミカルに「一楽《らく》二萩《はぎ》三唐津《からつ》」。

江戸の男子の着物の色は茶色とねずみ色を粋《いき》だとして、沢山《たくさん》の茶とねずみ色その数「四十八茶《しじゅうはっちゃ》に百ねずみ」、よく似た魚の見分け方は目の位置で見分けます。「左鮃《ひらめ》に右鰈《かれい》」。

川柳でも七五調が弾《はず》みます。

「親の十七、子は知らぬ」「子宝は、まれで首枷《くびかせ》ばかり出来」「親の脛《すね》、今をさかりとかじるなり」「下手《へた》な考え休むに似たり」「馬鹿は尻、利口は目から鼻へ抜け」

琉球にも七五調はあります。

西暦一七〇〇年代、琉球古典音楽を確立した屋嘉比朝寄《やかびちょうき》の作とされる口説《くどうち》と呼ばれるうたはすべて七五調、和文で作られ、上り《ぬぶい》口説、下り《くだい》口説、四季《しち》口説、早《はや》口説、道輪《みちわ》口説など、ほか山ほどある。

名人嘉手苅林昌の口説はウチナーグチです。**「芋《んむ》とぅ豆腐《とうふ》とぅカラス小《ぐゎ》とぅ」**これを三度繰り返すことで上り口説と同じ尺になる。

この琉球の口説と倭《やまと》の俗曲、口説節《くどきぶし》とは全くの別物であることは、またの機会にお話しするとして、究極の五七五を付記してこの稿を締めます。

寒《さむ》からう痒《か》ゆからう人に逢《あ》いたからう　子規

おもしろきこともなき世をおもしろく　高杉晋作

第13話　音楽をする人

「荒城の月」の作曲者、滝廉太郎、「赤とんぼ」を書いた山田耕筰、「海ゆかば」の信時《のぶとき》潔《きよし》、この日本を代表する楽人、お三方とも作曲を学ぶためドイツへ留学しています。西洋の楽理と日本の音を、いち早く合体させた人たちです。

日本のモノを作るために外国に学ぶ。当然といえば当然！ですが。

これよりかなり前の時代の琉球の玉城《たまぐすく》朝薫《ちょうくん》も当時外国だった日本へ留学し、能を修《おさ》めました。そして朝薫の五番と呼ばれる組踊音楽劇を完成させます。

日本の能を習得し、琉球独自の容《かたち》を創り出したわけです。

かたや琉球古典音楽を完成させた屋嘉比《やかび》朝寄《ちょうき》も同じく日本で能を学び、新しい琉球音楽を作曲編纂《へんさん》します。

すぐれた作家は外国に学び、足下《あしもと》から民族の霊魂を拾い上げこの邦《くに》のモノを創り上げる、という手順です。

こと音楽に関しては、今や外国に行かずとも、外来音楽が濫入《らんにゅう》してくるため、それをどう受け止め、自分たちのものにするかは地元音楽人各位の自在《じざい》です。

一番の楽《らく》は足下を跨《また》いで外来のものをそっくりそのまま提示《ていじ》すれば勝負は早い。たちまち人気者にはなるが、国籍不明な音楽になる。そんな音楽を支持する人はと言えば、音楽も心もそっくり外国人のようになりたいと願っている方々なのでしょうか。

日本語の発音までもアチラ風。

アッチの国が上等で、コッチのものは悪いと決めつけているかも知れません。

でも、コッチにも良いのがあるんです。

美しいことばです、古いうたたちです。それを捨てないでください。

世界共通でなくて良いんです。

人類みな兄弟でなくて良いんです。

心を少しだけ狭くして踵《かかと》のあたりに重心を置くと、自分がよく見えてきて、この邦ではこうした方が良いというのが判《わか》ってくるのです。

いや、強制はいたしません。

愚痴《ぐち》っているわけでもないんです。

私はただ、キモチも音楽もモンゴロイドのままで居たいだけなんです。

第14話　ごあいさつ

日本語の挨拶《あいさつ》で「おはよう」「こんにちは」「こんばんは」の三通りに対し、英語では「ハオアーユー」の一言で三つの役目をする。

三通りと一言、どっちが良いのか他の国の事情を辞書で引いてみた。

アッサリしたのがアメリカの「ハロー」、中国の「你好《ニーハオ》」、続いて韓国の「アニハセヨ」は朝昼晩共通と書かれていて、なかでもフランスの「ボンジュール」は朝昼晩に加えて「いらっしゃいませ」「はじめまして」「ただいま」など、すべてこの一言でOKだそうです。

戦争前の沖縄で、先輩に道で会ったりすると「ヌーガ、マーカイメンセーガ」、どちらへ？　と言うと、決まってこう言います。「アラン、ウマントゥー小《ぐわー》」ちょっとそこまで、というのがご挨拶です。

「ハロー！」に似た「ハイサイ」もあるが、淡泊《たんぱく》で味気ないことから、子供のころ親に口酸《くちす》っぱく言われたのは、目上の方への挨拶は目で見た通りをそのまま言いなさい、でした。

夏、木蔭で涼《りょう》をとる人には「シダクナイビタンヤー」涼しくなりましたね。

炎天下では「アンシ、アチサイビールヤー」お暑うございます。

雨の日は「アインアル、アミヤーサイ」よく降りますよね。

子供が久方ぶりに叔母などにお会いした時、「ンナ、カナトーミセーミ」皆さんお変わりありませんかと訊《き》くと、嬉《うれ》しい返事が返ってくる。

「イー、アンシ、イッターン、ンナウリヤミ」はい、あなた方ご家族も皆ソレだよね。

子供はこれに応《こた》えます。

「ウー、ヤーニンジュー、ムル、ウリヤイビーセー」はい！　家中皆ソレでございます。

と申し上げれば、「ヤンンー」または「アンシナー」皆さん息災でそりゃ良かったね！

と言ってくれます。主語や述語を省《はぶ》いた、なんと思慮深《しりょぶか》い会話でしょう。暖かいんです、嫋《たお》やかなんです、ほっとするんです。

人の会話に潤《うるお》いを無くした今、沖縄の人の集まるところのスピーチの冒頭に「グスーヨー、今日拝《ちゅううが》ナビラ」と言われても、幼児期からウチナーグチオンリーで過ごしてきた私の耳には、「有象無象《うぞうむぞう》の皆さん」としか聞こえないんです。

第15話　オトイレ

今、どこへ行っても便所という文字が見当たらない。目に付くのはTOILET、WC、お手洗い、もしくは絵文字です。

どうしたのだろう！　この便所が消えたのは。便《べん》と糞《くそ》を同義としたのか、尾籠《びろう》なことばとして退《しりぞ》けられた？

「便」はとてもきれいな言葉だと聞きました。便＝人は更《さら》なり、便《べん》ずる、思い出の便《よすが》、お便り、便風《びんぷう》この清々《すがすが》しい言葉をなしにして、今や日本中トイレットに御の字を付けて「オトイレ」です。

余談ですが、私たちが音楽をスタジオで収録することも「音入れ」（オトイレ）と申しています。ある日、若いミュージシャンが「オトイレは何処《どこ》ですか？」と訊《き》けば、先輩ミュージシャン「ここに決まっているじゃないか！」と同じ言葉で困ることもあるんです。

この美しい名の便所の文字、室町時代は「ビンショ」と読み、中で髪を調《ととの》え、衣服を着けるところと書かれています。

ハナシが少し逸《そ》れますが、二十年くらい前のこと。浜辺で二十センチくらいの板札《いたふだ》をモクマオウの木に結《ゆ》わえつけてあります。板札には大きく便所と書いてある。この文字、浜辺でバーベキューを楽しむ人たちへのお知らせ標識です。

この板札、便所の下方にもひとつ文字があります。ヨーク見ると「サシミあります」でした。エッ！　便所にサシミ！　とはじめびっくりします。

実はこの文字、「矢印の方角にサシミ売る家があります」が本意です。たまたま釣ってきた魚を売ってやろう、という魂胆《こんたん》。何ともその逞《たくま》しい広報手段が嬉《うれ》しくて、しばらく板札に見とれていました。

さて、美しい便所の文字を捨て、「お手洗い」「洗面所」「化粧室」「レストルーム」としたのはそれで良いとして、日本では古くからトイレの名称がたくさんありましたので辞書から書き写しておきます。

「御不浄《ごふじょう》」「憚《はばか》り」「東浄《とうちん》」「厠《かわや》」「雪隠《せっちん》」「手水場《ちょうずば》」「御東司《おとうす》」「西浄《せいじん》」

これ全部トイレの名称です。何か訳ありそうで面白い文字ですね。

因《ちな》みに沖縄ではトイレのことを「フール」と呼び、語源をＦＵＬＬと言いはる奴《やつ》がいる。ＦＵＬＬとは満杯のこと。これって絶対ウソです。

このフールの語源、判《わか》ったら良いな！　と思っています。

第16話　うたがうただったころ

かなり古くから琉球民謡は亡国の歌として、地元沖縄の識者《しきしゃ》らは、これを遠ざけた。道すがら民謡を口ずさんだりすると先生方から「日本人は日本の歌を歌え！」と叱られます。琉球民謡が息を吹き返したのは、戦後ラジオ局三社が民謡番組を拵《こしら》えて、バンナイ放送したからである。

三絃《さんしん》自慢にのど自慢、新しいうたが雨後のタケノコのように現れた。ラジオを聴く人、皆大喜び。良いうたは褒《ほ》めちぎり、悪いうたはシタタカに貶《けな》します。

「クリヲゥティヌ、ウター、テーゲーシマサリーンヤー」（今度出た歌、なかなかいいんじゃない）
「アンシ、チチグトゥ、ヤルヤー」（聴いてて、身に沁《し》みるネ）
「ヰヰウタヌ、ウマリタルムン」（すごい歌い手がでてきたもんだ）
「クィーヌ、シダサヨー」（なんという声の涼しさ…）
「チュラバンチヤー」（三絃の撥《ばち》サバキのきれいなこと！）

「クィージカラン、マンディ」　（声量もすごいネ！）

「ハッシャミヨー、ムインチルスル」　（声の艶《つや》っぽさ、もう蕩《とろ》けそう…）

歌がイマイチの人にもカラクチだ。

「ダシサカラン、ネーランヤー」　（うたに表現力がないネ）

「シンタチャーグィー、ナティヤー」　（やたら甲高《かんだか》くて、まろやかさを欠く）

「フルミグヮーヌ、イキラサヌ」　（声に古さがなくまだ青いネ）

「アビーヨーヌ、ユーシジティ、ンカーランシガ」　（歌が粘《ねば》っこくて、聴いてられん）

「アビランケー、チュラムンヤルムンヌ…」　（このお方、お歌いにならないほうが良いかも…）

民謡を心から愛した人たちの、ピシャリ要点を捉《とら》えたみごとな言い回し。

死語に近い言葉ばかりです。

第17話　山田耕筰を見た

一九五八年ごろ、山田耕筰にお会いしたのは申し出て御拝顔《ごはいがん》の栄《えい》に浴《よく》した、というのではなく、ところは大阪、日本レコード商組合主催のパーティー会場でお目にかかったというわけです。

大阪中のレコード店店主をお招きしての感謝の催し、皆着飾って眩《まぶ》しいほどの会場。社長から「お前行ってこい！」と言われて出席した私にはどこかオカドチガイの感があったが、ガマンして立っていました。

パーティー会場には有名歌手、作家の先生方も御臨席、とても華やいだ感じです。来賓のおことばでスピーチを終えた山田耕筰氏が降りて来られたところに私は立っていた。あの「夕焼け小焼けの赤とんぼ」の山田耕筰、それほどカクシャクたるところもなく、背もやや小柄、眼光は鋭いがスピーチのお声も猛《たけ》からず、なるほど長年音楽界に君臨《くんりん》すれば、こんな声になるんだな、と根拠のない理《ことわり》で一人合点していた。

山田耕筰は歩き廻《まわ》ることもなく、私の側に立ったままです。組合幹事や音楽業界の偉い人たちのスピーチに、ニコリともせず、ギョロッとした眼で周りに会釈《えしゃく》をされていた。

そのころの私はと言えば、音楽を生業《なりわい》にするなど毛ほども考えていなかったため、山田耕筰と肩を並べていながら一言もお話ししていないのです。何か一言、ご挨拶《あいさつ》でもしておけば良い思い出になったのに…と今ごろ悔いを残すことになった。

もひとつ、愛媛県在住のクラリネット奏者、三好雅倩《がせい》氏からの電話で、山田耕筰専用の五線紙があるので届けたい！　という。

いや、私は自分専用のものがたくさんあるので…と辞退したが、僕が持っていても意味が無いので是非届けたいと言う。

あなたに意味が無ければ私にも意味がない！　と申し上げたが、まるで聞く耳を持たず、すぐに届けてきた。

見れば、濃い太い線で十二段に引かれ、五線の幅も狭く、いかにも使い勝手が悪いというより、私専用とはあまりにも違いすぎている。

変わったところで言えば、譜面下方にローマ字でKOSAKU　YAMADAの署名があるくらい。さて、どうしたものか…。

はからずも、この五線紙で六十年前のパーティーをふと思い出し、悔いを残さぬようにと目論《もくろ》んではいるが…。

第18話　ザ・ピアノ

太鼓も楽器ですから強く叩《たた》けば大きな音がして、軽く叩けば小さな音です。ピアノやギターも同じ。強く弾《ひ》けば大きく、弱ければ小さく鳴ります。

しかし、ひとつだけ強く弾いても弱く弾いても音の大きさは全く変わらないという不思議な楽器があります。ハープシコードという楽器です。ドイツではチェンバロ、フランスではクラヴサンと呼び、ピアノが発明されるまで、ヨーロッパ中の音楽家は、この楽器を使って作曲演奏しています。

見た目《め》ピアノそっくり、一七〇九年イタリアで発明された新しいハープシコードは小さい音（ピアノ）、大きい音（フォルテ）両方の音が出せることからピアノフォルテという名で楽器の大革命となりました。

このピアノフォルテ、またたく間に世界中に拡《ひろ》がり、楽器の王様のような存在になり、今日なお楽器の王様のままであることは周知の通りです。

しかし、その呼び名がいつの間にかピアノフォルテのフォルテ部分が抜け落ちて、ピアノと呼ばれ、現在もピアノのままです。正式名称はピアノフォルテであることに変わりありません。今でも、こだわりの音楽家は自分の編曲した楽譜にはピアノフォルテ（pf）と書き入れます。

ヨーロッパ音楽ではピアノとフォルテの表現がとても重要ですから、ピアノより小さい音はピアニシモ（pp）、フォルテより大きい音はフォルテシモ（ff）、それより大きな音を望むならスフォルツァンド（sfz）と楽譜に書き入れ、その他いろいろな強弱記号があり、必要なところは、すべて楽譜に書き添えられています。

ま、私たちの東洋音楽の場合は音の強弱より、個々の音ひとつひとつの内面に重きをおくため、ピアノやフォルテにそれほど神経質にはなりません。そのことは、また改めて書いてみます。

さて、このピアノの「p」の文字、現地イタリアでは学校、病院、室内、廊下、この標識がアチコチに掲げられているようです。ピアノフォルテの「p」、弱く小さく、「静かに」のマークです。

イタリアへ旅行中の日本人、このマークを見つけ、「駐車場！　こっち」と大声を出したとか…。

迷惑なハナシですネ！

第19話　声がチッチャイ

沖縄の人は揃《そろ》って声がチッチャクて聞《き》きとりにくい！　と言ったのは懇意《こんい》にしているヤマトゥンチュの方でした。なかでも中部の人は声が不鮮明でボソボソというものだった。

全く気にもとめなかったが、言われてみればそうかもしれない。

先島人《さきしまんちゅ》や山原人《やんばるんちゅ》の声が、中頭人《なかがみんちゅ》に比べて、比較的声が大きく感じられるのは不思議だ。

しかし、私の村でデカイ声で話そうものなら「ヌーガ、ワンネー、ミンクジラーンディル、ウムトールイ」、聞こえないとでも思っているの？　と言い返されます。

村では、やや小さめに話すのが礼儀なのです。相手が遠くにいれば別なのですが、そうでないかぎり村中の人全員ボソボソ。この声のチッチャイのは何だろう？

あっ！　島のサイズだ。

ヤマトゥンチュの声が大きくて鮮明なのは、島のサイズが大きいからだと一人ナットクした。食卓を囲む中国人の話し声、あれって島のサイズですよね。

琉球のことわざに、

“唐《とう》や雨傘《あまがさ》、大和《やまと》を馬《うま》ぬ糞《くすう》　吾《わ》した浮縄《うちなー》、針《はーい》ぬ先《さち》”

島のサイズをピタリと言い当てたことばです。

沖縄って針の先ほどの島です。ですから声もチッチャイままで良いのでは…と思ったが、私と話す電話の方が、はあ！はあ！と何度も訊《き》き返すのは、やはりこっちもボソボソだったんです。相手になにやら御迷惑をかけているようで、こりゃ、ちゃんと喋《しゃべ》らんと…。そこで勧《すす》められたのがオンドクでした。

手にしたオンドクなるもの難しい古典の山。

枕草子《まくらのそうし》、徒然草《つれづれぐさ》、論語《ろんご》、平家物語、源氏物語、方丈記《ほうじょうき》。

勘弁してくれ！　とは思ったが、取りあえず声を出してみることにした。
一、大きな声で！
一、滑舌《かつぜつ》を鮮明に！
初心者は北原白秋の五十音から始めます。
水馬《あめんぼ》赤いなアイウエオ
「ウヌチャナティカラ、アビティィ、シムタガヤー」
手習いの年齢制限ってありましたっけ！

第20話　怖《こわ》い作詞家たち

私に自作の詩を送ってくれる人は県内の作詞家と大和《やまと》にお住まいのアマチュア作詞家の方々です。

届いた詩は七五調の演歌タイプ、自由詩のようなもの、ときにメルヘンチックな唱歌風、八六型の琉歌タイプ、倭《やまと》ことばに巧《うま》くウチナーグチを織り込む混淆型《こんこうがた》などバラエティーに富んでいます。

詩人の中で最も恐れなければならないのがアマチュア作詞家の方々です。

その理由《わけ》は曲付けのときに、ことばが弄《いじ》れない。助詞やテニヲハの変更を許さない。まず、如何《いか》なる添削《てんさく》も許可してくれません。歌謡が詩と曲でヒトツガイであることに気がつかない方々です。

作詞家によっては「僕のイメージとはメロディーが違うから作り直して欲しい」と言い、ひどい人になると「この詩に曲を添《そ》えて…」と書かれている。「おい！　添え物かよ！」以来、このテのものは丁重《ていちょう》にお断りしている。

これに対照的なものが…。四十年ほど前、日本コロムビアの森啓氏から届けられた詩に、作詞、吉田旺と書かれている。レコード大賞を受賞した作者のようです。

拝見すれば詩は巧み、流石《さすが》！　と思いつつ、書いていくうちメロディーに、ことばを増《ふ》やしたいところと削《けず》りたいところがあり、添削《てんさく》してよいかとディレクターに訊《き》いた。翌日返事がきて「どこをどう切ろうと増《ふ》やそうと自在《じざい》に！」というものだった。アマチュアとプロの差を痛感したものです。

それらとは全く別に長年、私とコンビを組んで今尚近しいままでいる県内の作詞家たちは善《よ》い詩、佳《よ》い詞《うた》も書くがアクも強い。

都度「この無欠《むけつ》な詩にメロディーを付けてみろ」と言わんばかりに意気天を衝《つ》く勢い、まるで果たし状。それを受けて立つ当方「やっかいな詩を書きやがって…」と思いつつ、詩の中にキラリと光ることばに引きずり込まれ、すぐ書いてしまうという情けなさ！　詩人に一本とられた瞬間です。詩と曲とのツバゼリアイを演じながら書かされ続けてきたのです。おかげで沢山《たくさん》のうたが生まれました。

子沢山に感謝の意を込めて方々の御芳名を記す。

そけいとき、ビセカツ、久米仁、坂口洋隆、上原直彦、とりみとり、朝比呂志（順不同）。

半世紀に亘《わた》り、私を悩まし続けた詩人たちです。

……チキショウ！……

第21話　正月食べる

「正月噛《か》みねー幾《いく》ちなたが！」（正月食べたらいくつ）と訊《き》くのは、新年に年をとり、むかし元旦のことを「正月食べる」と言ったからです。

その頃は貧しく皆んなヤーサ（空腹）していて、盆と正月しかご馳走《ちそう》はありません。

子供のころ歌いました。「もういくつ寝るとお正月…」。年の夜をどれほど待ち遠しく思ったことか。新年は凧《たこ》を揚げたり独楽《こま》を回したりなどしません。独楽を買う金がないからです。お年玉ということばは知っていましたが、現実のものではありません。

学校唱歌「早く来い来いお正月…」と歌ったのは馳走《ちそう》が嬉《うれ》しいからです。

元日の朝、私たち子供の役目は、村の井《かー》に若水を汲《く》みにゆくことです。気の利いた手桶《ておけ》もなく、ターグと呼ばれるブリキ製の桶に若水を汲んで、その帰り道、人と会っても口をさいてはいけません。若水が穢《けが》れるからというのでしょうか？　元日早々に女の子は人の家も訪ねてはいけません。

それは釣人《つりびと》が海へ向かう途中、女の人とすれ違ったとき「あっ、今日はダメだ」と家に引っ返す習わしに似て、子供たちも、その風習をキチンと守ります。

そして元日は朝から米のめし、それだけで充分嬉しいのですが、豚肉まで食べられる、何という美味！　命薬《ぬちぐすぃ》あのときの仕合《しあ》わせ気分、今でも忘れません。

「除夜の鐘」ですか？　一度も聴いたことありませんよ！　「餅つき」「鏡開き」「お節《せち》料理」「お屠蘇《とそ》」「お雑煮《ぞうに》」すべて倭《やまと》のもので、沖縄なんぞで、お目にかかれないものばかりです。

私たちですか？　まず「正月断髪《そーぐわちだんぱち》」に行き、「正月下駄《そーぐわちあしじゃ》」を買ってもらえました。

これを履《は》いて歩けば、背が少し伸びた心持ち、それだけで充分正月気分です。

今、若者らによる最も進歩的な正月は大晦日《おおみそか》のカウントダウンだそうです。

「ハッピーニューイヤー」英語なんです。

「あけましておめでとう」日本語ですよネ！

せっかくですから、ウチナーグチでやりませんか。

祝盃を手に…。

「ちゃー若年《わかどぅし》から…」

「良《ゐ》い事願《くぅとにが》てぃ…」

「今《なま》からどぅやいびーんどー」

嫌なら無理にとはもうしませんので！

第22話　丸反対

ウチナーグチで逆《ぎゃく》のことを、ケーシマーもしくはマルハンタイという。「丸もうけ」「丸洗い」「丸はだか」のそっくり、すべてというより確実にというそのものを強調するときに使うマルです。

米軍基地《べいぐんきち》内に勤める作業員が気付いたことは、アメリカと日本の動作が逆であることだった。

まず、作業中の鋸《のこぎり》、日本の鋸は引く力でモノを切るが、アメリカ鋸は引いては全く切れない。押して切る仕組みで、日本とマルハンタイ。

車だってアメリカは左ハンドル、日本は右。書き文字も日本は右から書いて左へ進む。アメリカは逆に左から書いて右進行（このごろ日本も横書き左からもあり）。

手招きがその最たるもの。日本人の「こっちいらっしゃい」の仕草は手のひらを下に向け、指を軽く揺《ゆ》らして手招く。一方、アメリカ人の手招きは、手のひらを上に向け、指一本で「カモン！」だ。

なによりも驚いたのはレディーファースト。沖縄では昔から男であれば、いかなるボンクラでも「メーキキガ」、男御前《おとこおんまえ》と尊《とうと》ばれたので、アメリカーたちの女性優先を奇妙に感じたと言っていました。

それがアメリカの西部開拓時代、レディーたちが少なく大切に扱われた時代の名残《なごり》であるという事実を後で知ることになる。くしくも江戸時代のレディー不足に似て、江戸の男たちは生涯独身を通した者も多かった。故に既婚《きこん》の女房たちは早々に亭主から三行半《みくだりはん》を捥《も》ぎとり新しい亭主の元に嫁ぐ。また女は三度婚、四度婚を奨励《しょうれい》されているため、ある女房は十七人の亭主を持ち、十七人の子を産んだという逸話が、江戸から来た人と名高い杉浦日向子の本に著《しる》されている。

さて、残り原稿用紙の余白を埋めるため、このあとはすべて冗談です。

ナマジラー（だじゃれ男）がタラーンヌー（うすのろ）に言いました。

「日本では釘《くぎ》を打つときは釘の頭の方を叩いて打ち込むのだが、アメリカでは釘の足を叩いて抜くんだよ！」という話に、タラーンヌーは「ヘェー！」とびっくりしてくれるものだから、調子に乗ったナマジラー氏、「それからよく覚えておけ、日本人は着物を脱いでから風呂に入るが、アメリカ人はシャワーを浴びて後に服を着るんだよ」と言うと、「まさか！」と吃驚《びっくり》、タラーンヌーは目を丸くして「日本とは丸反対だな！」。ナマジラー「冗談じゃない！　お前の頭の方が、丸反対ナンデス！」

第23話　それで良い！

サンピツって何ですか！　と訊《き》いてくるので、チョット待って、辞典見るから、と調べてみれば、日本の書道史上、三人のすぐれた能書《のうしょ》家とある。

「字が巧《うま》いということか」

「いや、巧いよりもっと上の能書家。つまり書を能《よ》くする人のこと」

「巧いより上があるんだ…」

三筆《サンピツ》とはその時代の素晴らしい文字を書いた三人の方々ということで、平安の三筆、寛永の三筆、幕末の三筆など。なかでも平安の三筆、弘法大師空海《こうぼうだいしくうかい》、嵯峨《さが》天皇、橘逸勢《たちばなのはやなり》が名高い、とある。

ま、そんな話ではなく、知人にすばらしい詩を書き、文章力の高い男がいる。この文章に文字さえ美しければサイコーだけどね！　と言えば、この男、

「俺は文字を書いているのではない。文章を書いているのだ」と切り返す。

如何《いか》にも！　という感じ。対極《たいきょく》に、字のすごく上手な人がいる。巧いというより書道教室の先生だ。この書家に、

「書家自ら詩を吟じて本人の文字で書き上げたら、どれほどすばらしいだろう」と申し上げたら何と応える…。

「私は詩を書いているのではない。文字を書いているのだ！」と言えば、アタリマエ過ぎなので、きっとこう言う筈《はず》だ。

「私が詩を詠《よ》むなどの時間があれば、もっと書の稽古に励みますよ。書も上にはきりがないんだから…」。憶測遠《おくそくとお》からずです。

いまひとり、字もまあまあ、文章力もそれほどでも。しかし、弁舌がさわやかなんです。御仁《このかた》スピーチ泉の如《ごと》く話術《わじゅつ》抜群《ばつぐん》、はなしの起承転結《きしょうてんけつ》の巧み、書よりも文章よりも、リアルタイムでの説得力。聞く人は唸《うな》ります。話術に限っては訓練と言うより天性のようなものを感じます。とは言いつつも、ただ今書いているこの文字も、いつものミミジャージー（崩し字）。

私、文字の基礎である楷書《かいしょ》がまるで書けないんです。人は万能ではありません。字も下手でいいんです。文章力もなくて良いんです。人前で上手《うま》く喋《しゃべ》れなくても良いんです。

要は、何をするにしても、その人らしさが出ていれば、それで良いんです。と思うので私もがんばれるわけです。

第24話　ところがロッコイ

「ドッコイ」の間違いではないか！　ところがロッコイそうじゃないんです。沖縄が日本復帰の前、お金がドルだった頃、中部西方にあるその村では流通貨幣《りゅうつうかへい》を5ロル10ロルという呼び方をした。それは間違いで5ドル10ドルにせよ！と言いはる人、はたしてどうなんだろう？

5ドルだって正しくはない。正式な発音を望むなら5ダーラ（Five Dollar）ではないか。その村では「D音」（ダディドゥデド）の発音がなく、Dはすべて「R音」（ラリルレロ）になるのです。譬《たと》えば、日本の車が右ハンドルに対して外車は「左《ひらり》ハンロル」だった。

彼女にプロポーズした若者。

A「…で彼女に何て言った？」

B「ぼくの妻《ちゅま》になって下《くら》さい！　と言ったら断《ことわ》られた」

A「いきなりでは、腰が引けるよな！　それから何て言った？」

B「ろうしても駄目《らめ》れすか？」

A「ラメレス！　誰だって逃げたくなる」

階段が暗いので「カイラン、レンキチュケテ」は日本語としては落第だが、ころころとしたラ行の耳触《みみざわ》りはそれほど悪くない。

逆に村落によっては「R音」がなくRのすべてがDになるため、イマイチの耳触りになる。

「アトカダ僕が連絡《でんだく》するよ」、外車が「ヒダディハンドドゥ」では蹴《け》つまずいた感じで心地良くない。

「旅行はどこ行った？」「ナダ行って来た」

「兵庫県の灘《なだ》か？」「いや、奈良《なだ》の東大寺だ」

「山を見たか？」「緑《みどでぃ》が綺麗《きでい》だった」

民謡のうたい手にも、このDやRが苦手《にがて》な人たちがいる。それは、その歌い手の出生地のせいであり、決して発音障害ではないので歌の収録《しゅうろく》などの時は私は矯正《きょうせい》することなく日常語そのままに歌ってもらっている。民謡の場合は直したりする必要がないのです。否《いや》！直してはいけないのです。

「太陽《てぃーだ》」と「太陽《てぃーら》」と、どっちが正しいのか？　と訊《き》かれた時、私は両方正しいと答えている。

日本語の「泥棒《ろろぼう》」と「泥棒《どどぼう》」は？　両方マチガイです。

第25話　かをり芳《かんば》し

倭《やまと》では香《か》りを香《こう》ばしい匂いとして沢山の香りがある。またこの匂いのほかに染織《せんしょく》などの、つややかなことや色の配合までも匂いという語で表す。

ときには感情や心の動きまで匂いを使用する。「匂いある言《こと》の葉《は》」「匂い多かりし心ざま」、古くは婦女子のかき眉《まゆ》の下方のぼかし具合も匂いといい、日本刀の刃《は》と地肌《ちはだ》との境目《さかいめ》のところに、霧のようにほんのりと見える文様《もんよう》も匂いといい、俳諧《はいかい》の句も余情《よじょう》匂い漂《ただよ》う詩とたたえる。

匂いの中でも「臭」の文字は基本的に好ましくないものに使うと辞書に記されている。

琉球では芳《かん》ばしい匂いを「香《か》ばさん」と表し、香ばしく美しいものを「美《ちゅ》らさ、香ばさ」とことばを重ねる。倭のように香をたいて楽しむ雅《みやび》な芸道が沖縄にあるとは聞いていない。「香《こう》を聞《き》く」ということばも勿論《もちろん》耳にしたことがない。

香ばしいとは逆の悪臭《あくしゅう》は「鼻が曲《ま》がる」ほどのニオイとして、琉球でも同じく好ましくないものに「香《か》じゃ」という言い方がある。

そのような好ましくない「香じゃ」を少しばかり…。

ヤナカジャ	不快臭
シーカジャ	食物が饐《す》えたニオイ
キブシカジャ	燻《いぶ》した匂い
フミチカジャ	締《し》め切った部屋の匂い
フィリグサリカジャ	腐ったニオイ
ナンチチカジャ	焦《こ》げ臭《くさ》い
ウヮーヌフルカジャ	豚舎《とんしゃ》のニオイ
トゥンヌクスーカジャ	鶏舎《けいしゃ》のニオイ
クェーヲゥーキーカジャ	肥桶《コエオケ》のニオイ
オーカジャ	青臭い未熟な臭い、若者の体臭など
トゥスイカジャ	加齢臭《かれいしゅう》
ユクシカジャ	嘘っぽい匂い、空気の漂い
アネーアランカジャ	予期《よき》に反するまさかの香り

人工による芳香剤《ほうこうざい》より自然の香りは良い。ほどほどの香ばしさと、ほどほどのヤナカジャが入り混じっているから…。さあ！　深呼吸でもしてみましょうか。

第26話　ミーヌソー

前に会っている方に「初めまして！」と挨拶《あいさつ》する。人の顔をすぐ忘れる人のことを「ミーヌソーネーラン」と言う。「目に性《しょう》がない」、目にモノを確認する魂がないというのです。

沖縄の地では人格も含めて、この性《そう》がハバを利《き》かせます。

その覚えの良いことを「性強《そうじゅう》さん」、不埒《ふらち》な奴は「性魂《そうたまし》えねーらん」、そそっかしい人は「大性者《うふそうむん》」、お利口さんは「性《そう》いらー」

倭《やまと》でも「目は口ほどにものを言う」。「目千両」とは女の魅力的な眼差《まなざ》し、眼の光が紙の裏まで突き通す読解力の鋭《するど》さを「眼光紙背《がんこうしはい》に徹《てっ》す」といいます。

詩人、山之口貘は「**眼下には天が深い**」

おや、天は上かと思いきや眼下に天があるんです。詩人の目はすごいですネ！

しかし、たくさんの能力を持つ人間の眼も、動くものを捉《とら》える動体視力《どうたいしりょく》はハエやとんぼに勝てないんです。

正岡子規の句に〝**秋の蠅《ハエ》二尺のうちを立ち去らず**〟があります。子規の手に持つハエ叩きなど複眼《ふくがん》でがっちりキャッチ。スローモーションに見えています。

ハエは人間よりはるかにミーヌソーがあるということです。洞察力《どうさつりょく》、眼識《がんしき》がすぐれているんですね。

沢山《たくさん》の複眼をもつこの生きものたち、その複眼の数、蟻《あり》で六個から九個そなえ持ち、イエバエが四千個、とんぼにいたっては一万個から二万個の眼を持つ、と記されている。

この昆虫類、世の中の風景、いったいどんな風《ふう》に見えているんでしょうか。もし人間がこの複眼を備えていたら、何がどう変わったんでしょうかネ。

人の動体視力が一気に向上、抜群の運動能力、その眼は右と左が同時に見られてすごい風景でしょう、きっと！　野球選手はいつでもホームラン、飛んでいる蝿なぞ手づかみです。

ただやっかいなことに、見た目が良くありません。顔のほとんどが目ですから形がブサイクです。愛らしい二重瞼《ふたえまぶた》もなし、目は口ほどにモノも言わず！　美女も双眸笑《そうぼうえ》みをたたえることもなし。

そんな眼要《まなこい》りませんよネ！

ミーヌソーもなにも私たち人間の眼がふたつで良かったんです、ホントに…。

第27話　水

琉球のことわざに「水《みじ》ェ洗《あら》テー呑《ぬ》マラン」、水は洗っては呑《の》めません、がある。水はすべてのものを洗い清めるが、水を洗うことはできない。この戒《いまし》めは人情の機微《きび》や人生にあてはめてさまざまな解釈をします。

昔の人が湧き水を手で掬《すく》い、ぐっと呑み干し、「クヌ水ェ、グテーヌアッサー」この水には力があるぞ！　と言い放《はな》つのは、現代人が失った味覚の鋭《するど》さです。

琉歌の上句に

〝美童《みやらび》ぬ清《ちゅ》らさ水《みじ》ゆいがやゆら…〟

美人が多い村は水のせいだといい、別の下の句でも、

〝水ゆいがやたら言葉《くとぅば》変《かわ》てぃ〟

村と村の言葉の違いも水のせいだとします。

学校の先生から「水とは物理的に二つの水素と一つの酸素が手をつないだもの」と聞きました。それから、もう一人の先生、江本勝さんの著書「水は答えを知っている」には、水が最も水である理由に、一、氷が水に浮くこと　一、毛細管現象《もうさいかんげんしょう》という不可解《ふかかい》な振《ふ》る舞

いをすること（これは他の物質では見られない）―とある。

それより世界一水のおいしい国日本、その水道水が直接呑《の》めるのも、世界でも日本などわずかな国だそうです。その世界一の日本の水道水が、今や氷点下でもまともな結晶《けっしょう》を結《むす》ばなくなったといいます。

川の上流や湧き水は今でも水本来の美しい結晶を結ぶが、都市の水道水で結晶を結ばないということは、水が水でなくなったということにもなる。そうなった原因は、水道水が塩素処理《えんそしょり》されているためだという。

では、塩素処理されない自然の水だけで人間は生活すれば良いではないか、それがダメなんです。現代の人が力《グテー》のある湧水などを呑むと腹を下《くだ》すことがあります。人のからだに詳《くわ》しい人から聞きました。

人間の腸《ちょう》はもともと、良いものだけを吸収し、悪いものは捨てるというセレクション能力を持っているが、食の欧米化や添加物の摂取《せっしゅ》などで腸はその見分けができなくなり、入ってくるものはすべて吸収してしまうため、体は病気に冒《おか》されるというのです。健康のため、良い飲み物、良い食べ物にしなさいと言われても、どれが良いんだか見分けがつかないんです。どうしたものか、思案に暮れてしまいます。

第28話　老《お》いの入舞《いりまい》

女の子が年頃になると、花がパッと開いたように美しく輝く時期がある。そのチャンスを逃してはダメよという琉歌に、

〝花のさらばんじ　親に禁止《ちじ》られて　なまからぬ花ぬ　ぬ役立《やくた》ちゅが〟

花の真盛りには親が見はっていては恋もできません。この年になって萎《しお》れた花が何の役に立ちましょう、という少し自棄《やけ》っぱちなうたですが、言い得ています。

そしていまひとつ

〝男美《ゐきがちゅ》ら花《ばな》や　七《なな》花ん咲《さ》きゆい　我《わ》した女身《ゐなぐみ》や　ちんと一花《ちゅはな》〟

男って何度も花を咲かせます。私たち女は生涯にたった一度なの！　というわけで、今ここで色恋のハナシをしているのではなく、人の花について考えているのです。

人間ひとたび生まれ落ちたからには、なんぴとであれ生涯に一度は花を咲かせる瞬間があるのです。しかし、概《おおむ》ねそれに気づくことなく時が過ぎて後、あっ、あの時が私の「花」…だったのだな！　と気づくのです。

なかでも芸能をする方々は、舞台という特定の場所で開花し、その人の佳《よ》い時期に、芸

に匠《たくみ》をこらすことで美しい華となります。

そのをどり手《て》は若い艶《つや》やかな眉目《みめ》かたちに加えてスキのない身のこなしは観《み》る人を魅《み》了《りょう》します。また歌い手の絶頂期《ぜっちょうき》の練《ね》られた声も、聴く人の心をワシヅカミにします。若さに鍛錬《たんれん》を加えることで、その声が生まれるわけです。

やがて、開花したものには「盛者必衰《じょうしゃひっすい》」がやってきます。花は、どんなに勢い盛んであっても必ず衰えがくるということばです。当たり前のことですが、花本人は意外とそれに気付かないものです。

もし、芸の人の花らんまんの絶頂期に、つまり花が萎《しぼ》む前に、引退を決意したなら人は何というでしょう？

モッタイナイ！　もしくは、カッコイイ！　どっちかでしょうネ！

能を完成させた世阿弥《ぜあみ》の名言があります。

〝老《お》いの入舞《いりまい》を仕損《しそん》ずべからず〟

入舞とは大切な舞で入綾《いりあや》ともいい、舞い終了後の退出作法《たいしゅつさほう》、物事の終わりを表し、芸をする者は年をとった時の身の引き際を謬《あやま》ってはいけません、と諭《さと》しているのです。

よい言葉ですね。

第29話　そこは舞台

ある落語家のことばです。噺家《はなしか》は芸の上でやってはいけないことが三つある。一、シモネタをやらない　二、客をいじらない　三、楽屋を見せない

シモネタで笑いをとるなど愚《おろか》です。芸のない奴《やつ》がやることだ。客をいじるは辱《は》ずべきです。客は聞くために、そこに居る。話すためではない。楽屋を見せる芸人、莫迦《ばか》です。見たくないですよね。それを見ると、舞台でいただいた花がもぎとられた心持ちです。舞台の美しい姿、形を愚弄《ぐろう》しています。花は花のままであり続けてほしいですね。

芝居の演出家、振付師、デザイナーも楽屋の人です。もしその方々がステージに現れると何か見てはいけないものを見てしまったような気分になります。

大相撲のテレビ中継も例外なく楽屋を見せる。勝ち名乗りを受けた力士のインタビュー、土俵を降りれば楽屋です。息絶《いきた》え絶《だ》えのコメントは聞き取り難い。その苦しそうな形相《ぎょうそう》が気の毒だ。視聴者は本当にそのコメントを望んでいるのか。

お相撲さんもある意味では花です。江戸時代から力士のからだは美しいもの、鑑賞《かんしょう》すべきものとしたらしい。中でも土俵入りの美しさは格別！　太刀持《たちも》ち、露払《つゆはら》いを従えた横綱

の土俵入りは圧巻です。それよりも十両以上の土俵入り、これが良い。多勢の力士がぐるりと土俵を囲み、同時に化粧まわしをスイ！　と軽くもたげるさまは祈りにも似て美しい。古典芸能を見るような相撲道！

日本の「道」には柔道、剣道、書道、茶道、華道、香道とたくさんの道があります。道それぞれ冒《おか》してはならない規律があるのです。相撲道の規律では敗者の引き際《ぎわ》の一礼。潔《いさぎよ》い、美しい容《かたち》です。稀《まれ》に見苦しい例を見ます。やる気のない礼、一礼もせず土俵を降りる。とても見苦しいですね。

それからバレーが良い。スポーツの花、女子バレーはまばゆい程の耀《かがや》きを見せる。鮮やかなスパイクを決めた！　だがそのあとの選手のオタケビが見苦しい。

もっと静かに喜びましょう！　どこの国だったたか、外国バレー選手の顔が良かった。勇《ゆう》猛《もう》果《か》敢《かん》にして冷静、得点をしてもニコリともせず、終始顔色一つ変えない。武士道精神にも似たキリリとした貌《かお》、外国人選手一同、勝って兜《かぶと》の緒《お》を締めているのです。

日本選手も右へ倣《なら》っていただければ…と思う。

いやならテレビ観なきゃいい！　と言わないでいただきたい。年をとると、私のお相手はテレビだけなんです。

第30話　いっとき

お店のご主人が用足しのため隣の人に「悪いけど一時《いっとき》店番お願いネ」といって出掛けた。はてな、このイットキって一体どれくらいの長さだろう。気になって調べてみた。

一時《いっとき》は現在の二時間だった。思ったより長い。乗《じょう》じて「一刻《いっこく》を争《あらそ》う」という、どこか緊《きん》急《きゅう》を要する感じの一刻の長さは四分の一時《いっとき》、つまり今の三十分とある。時間の流れ方が今と昔では相当な差がありそうだ。

現在では時計の針に準じて十二等分して一時間単位で時を刻《きざ》むが、昔は二時間刻《きざ》みなんです。時刻の呼び名が今と違うんです。

一日の始まり午前零時を九ツといい、次の二時を八ツ、四時を七ツと呼び、六ツ、五ツ、四ツまで数を減《へ》らしていき、昼の十二時までくると元の九ツに還《かえ》り、ふたたび二時間毎《ごと》に八ツ、七ツ、六ツと進みます。昔の時間は何故《なぜ》九ツから始めるのかよく判《わか》りませんが、昼であれ夜であれ、十二時は九ツ、二時は八ツ、おやつの時間が昼の三時ですから、正確には八ツ半です。朝の六時は明け六ツ、夕方の六時は暮れ六ツ。

もひとつは十二支でも時を表します。午前0時は子《ね》の刻《こく》、二時は丑《うし》の刻と、同じく二時間刻みで子丑寅卯辰《とらうたつ》…と進む。江戸っ子気取りの半可通《はんかつう》「知ったかぶり」が、「おい！　もう丑の刻だ、俺あ先に寝るぜ」、「なあに、まだ八ツ時だ」、「あッ！　そうだったか」、なんて、丑の刻も八ツ時も同じ二時だ。バーカ！

それから、とても長い時間のことを未来永劫《みらいえいごう》といい、その中の「一劫《いっこう》」の長さは、中国では六尺四方の正方形の石に天女が舞い降りて、その薄衣《うすぎぬ》の袖《そで》で石を一回サラッと撫《な》で天に舞い上がり、年に一度これをくり返し、石が磨《す》り減《へ》って無くなったときを「一劫」とする。百万年や千万年くらいでは、この石びくともしませんから、メチャクチャ永い時間ですネ！

逆に短い時間は刹那《せつな》で表します。一刹那は七十五分の一秒とされ、人が指を弾《はじ》く音に似て、これを弾指《だんし》とも言う。

ここで哲学の人のおことば。「**時間とは永遠から生じ永遠に帰《き》するもの**」、プラトンの時間は「**永遠の動く影**」、アリストテレスは「**時間とは運動の帯びる性質**」。

何ともヤヤコシイ言い方ですが、吾《わ》が琉球の民はといえば、
「アチャンフィーヤアセー」明日という時間は必ずやってくる！
人は皆《み》んな時間に引きずり廻《まわ》されているんです。昔も今も…。

第31話「センセー」

「貴様《きさま》やりやがったな！」という言い方は上の人から下の者へのことばだが、昔、江戸時代以前から「貴様」は文字通り貴《たっと》いありさま。目上の人への敬意のことばだったのです。「お前ぶっ殺してやる！」のオマエも同じ尊敬語。神仏《しんぶつ》や貴人《きじん》のオンマエ、御前《ごぜん》のことと書かれています。

ことばは、時代でこれほど変化するんですネ！　…で、今日の先生というのが少し気になります。

辞書には、先生とは、一、先に生まれた人。「あの人、あなたより二つ年上よ。心安く名前呼んで失礼よ。ちゃんと先生と言いなさい」。これが正しい先生の使い方です。二、学徳《がくとく》のすぐれた人。三、医師や弁護士など指導的立場の人と書かれている。

戦後急激に先生が増えた感じです。どうだろう、この呼び名。学校の先生と、お医者さんくらいに留《とど》めて、あとの先生方は他の敬称《けいしょう》にしてみては…。差し当たり芸能の先生方なら「師匠《ししょう》」とお呼びするのが耳触《みみざわ》りが良い。川柳《せんりゅう》に「**先生と呼ばれる程の馬鹿《ばか》でなし**」とあるのは、先生が馬鹿だったころがあったのか精《くわ》しい人に訊《き》いてみた。

たびたび、同じハナシで恐縮だけど、江戸時代、医者、役者、芸者の三者は、その職業が賤《いや》しいことから畳の上に坐《すわ》ることを禁じられた。その頃の医者といえば浪人たちが仕事もないから医者でもやってみるか！という程度のもの。看板さえ出せば誰でも医者になれる時代でした。

私の親しい人に大正十二年生まれの内科医、名渡山兼一がいる。その医師の同期に名優の真喜志康忠、このお二人の会話です。

「私たちは医者としての社会的地位を上げた。君たちも、そろそろ役者としての地位を上げるべき時ではないか！」の案に康忠氏やおら立ち上がり、ティーヨーフィサヨーで弁舌を揮《ふる》った。なるほど役者というのは全身で自らの意志を伝えるものなのだと痛く感動したものだった。

論《あげつら》うこと数分、芸人風情《げいにんふぜい》が先生呼ばわりされては芸が痩《や》せてしまうということから、つまるところ役者は地位など、ドーデモイイ！という風《ふう》に私には聞こえた。

お二人共もう居ない。その時のおはなし、何かとても大切なことを教えられたように思えるのです。

第32話　判《わか》る解《わか》らない

若いころ友人に勧《すす》められた本がどこをどう読んでも全く理解できなかった。フランスの実存主義とかいって、サルトルという人が著《あらわ》したものという。

友人に「君はこの本の意味解《わか》るのか！」と訊《き》いた。「解らないから君に勧めたのだ」と言う。馬鹿《ばか》な奴《やつ》に一本とられた。

解らないものに抽象画《ちゅうしょうが》がある。判《わか》らなければ分かろうとせずに見なければ良いんです。

音楽にもソノテノモノはあるのか！

ありますす。コンサートホール。普通の交響楽団の左右にオートバイを置き、エンジン音をオーケストラと共鳴させるというもの。エンジン音が大きくオケの音が殆《ほとん》ど聴こえない。ただ喧《やかま》しいだけの音楽です。

何故オートバイか？なんて疑問は一切持たない方が良いと思います。無理に判る必要が無いからです。

もうひとつのピアノ演奏会。ステージ中央のグランドピアノの前にいるピアニスト、いきなり大きなハンマーでピアノをたたき壊《こわ》しはじめ、ピアノがぼろぼろになったところでこの曲は終わり。これも音楽です。

この音楽に対しても余計なことは考えず、私たち鑑賞者はピアノがもったいない！と思うくらいにしておきます。

この暴力的なミュージックに対して、うんと優しい音楽もあります。ジョン・ケージ作曲の「四分三十三秒」という不思議な曲名。

万雷の拍手に迎えられたピアニスト。ピアノの前に坐《すわ》り、しばらくジッとしていて…目をとじて不動の姿勢のままジーッとして、四分三十三秒のところで一曲の終わりです。この間、客席のクスクス笑い、がやがやとしたざわめき、席を立ち去る人の足音…。これも音楽なのです。

この音楽の心理は、日常的な音の響きに耳を開け！ということらしい。

日本の作曲家 黛《まゆずみ》 敏郎《としろう》は「このピアノ曲は禅《ぜん》との深い関わりで西欧的な芸術表現の造りに触れるためではなく､その芸を通して演奏者の精神性の高さに感動することを期待する」と申しております。

そう言われても、この音楽、私まだ一度も聴いたことないもんですから。感動もなにも……。

第33話　「イーヒー」

小学校入学の日に私たちは初めて標準語というものを聞いた。それまでは大人も子どもも皆《み》んなウチナーグチの暮らしだったからです。昭和十三年入学日の式典は、まるで記憶にないが、一年生担任の先生のお話がきのうのようによみがえる。

「皆さんは今日から小学校の一年生です。これまでのウチナーグチは、もう使いません。皆んな標準語を学びましょうネ！」という訓示《くんじ》はすべてウチナーグチです。

「イッターヤ、今日《ちゅう》カラーヤー…」と包み込むように優しく語りかける先生の一言一句は終生忘れることはないことばです。

あの頃の子どもたちは目上の人への謙譲語《けんじょうご》を徹底的に叩《たた》き込まれます。幼児期から昔めいた敬語を強いられているためにいつでも、それを上手に話すことが出来ます。敬語のことを「ウーフー」ためぐちを「イーヒー」と言います。年上の方へはウーフーで年下にはイーヒーで話すと決められており、一つ年上の人にイーヒー調で話そうものなら大人の方から「お前は誰に向かって話しとるのか！」と叱られます。

私の従弟《いとこ》が十歳くらいの時、その子に弟が生まれ内祝のお知らせをするため、親戚中に触《ふ》れ歩く大役を言いつけられます。

子ども「茶小《ちゃあぐわー》沸《わ》カセースクトゥ、メンソーリンディ」（お茶飲《の》み会に、いらして下さいって…）—そのころ、ささやかな内祝いのことをお茶飲み会といっていた。

大人「アイ、ヰキガングヮ、モーキタンディナー」（男の子が生まれたんだって？）

子ども「ウー我《わ》ッターヰナグヌ親《うや》アカサギトールグトゥン、ネービランタシガ、ケーナチェーイビーセー」（ハイ！　母がおめでただとは気がつきませんでしたが、ぼくの弟が生まれました）

　十歳そこそこの児《こ》が発したことばです。なんと健気《けなげ》な子どもらしからぬこの話し方、親戚中で取り沙汰され村の評判になります。豊かなボキャブラリー。日本語を話せない子どもたち。思えば日本の皇民化政策は子どもたちから玉のようなことばを奪いとったことになります。それとひきかえに正しい標準語が喋《しゃべ》れるようになったではないか！　と言われれば、これには賛否があると思う。

　因《ちな》みに沖縄で今ウチナーグチ復古運動があり、皆んな一心になってレクチャーうけているそうだ。

「ソノコトバ、アタッテイルカネー？」

「ダカラヨー」

第34話　「チンオモーニー」

大阪の幼稚園園児に教育勅語《ちょくご》を暗唱《あんしょう》させたことが今話題になっていて、ふと子どものころ、これを諳《そら》んじたことを思い出した。誰一人勅語とは呼ばず、皆これを「チンオモーニー」と呼び捨てていた。

昭和十六年ごろの国民学校、全生徒がこの「チンオモーニー」をそらに唱《とな》えることができた。朝礼では北東の方角に向かい、校長先生の掛け声で「宮城《きゅうじょう》（皇居）に対し奉《たてまつ》りサイケイレー！」。先生も生徒も皆一斉《いっせい》に最敬礼《さいけいれい》、深々と頭を下げることから一日の授業が始まるのです。

そして教室で皆、直立不動で教育勅語を斉唱《せいしょう》。大日本帝国の祝日、天長節《てんちょうせつ》（天皇誕生日）では講堂に於《お》いて天皇、皇后の御真影《ごしんえい》（写真）の扉がゆっくり開かれ、これを拝むことを許されました。勿論《もちろん》ここでもサイケーレーです。「タイシタテマツリ」、誠に頭の下げっぱなしの教育でした。

うろ覚えですが、小学校四年のころでした。はるばる来られた理由は判《わか》りませんが、天皇の御名代《ごみょうだい》という人が車でお通りになるため、全校生徒は県道のかたわらに整列、つつしみかしこむべく、御車《おくるま》が目の前を通るときはサイケーレーのままで顔を上げたりしてはいけません。生き神様（天皇）の代理ですから、お顔を見たりすると、とても失礼になるんですネ！　将《まさ》に教育勅語の中にある「国憲《こっけん》ヲ重《おもんじ》シ国法《こくほう》ニ遵《したが》ヒ」国が定めた根本的な法規、最敬礼が法律だったのか！　皆それをちゃんと守っていました。

その反面、この勅語の中に「一旦緩急《いったんかんきゅう》アレハ義勇《ぎゆう》公《こう》ニ奉シ」（国に万一のことが起きたとき正義と勇気をもって公共に尽くせ）のくだり、誰が言い出したのか。「イッタンカンキューアレバ、ワッタンカンキュー、アイルスル」と茶化《ちゃか》したのは、パロディーのような「やってられるか！」といったようでもあり、なかなかの言いぐさでした。

戦時下に誰かが「おい！　天皇の防空壕は金《きん》で出来ているらしいぞ！」と言えば「ヘェー！」なんて言ったりして…。そのころ聞いた親子のはなし。

父「波の上毛《なんみんもー》から天皇陛下と、お父《とう》と、二人いっしょに海に落っこちたらお前ならどっちを先に助ける？」

子「もちろん、陛下に決まっているでしょう！」

父「ヤナ、トットローヤ！」と言ったというはなし。

勅語の訓《おし》えも盤石《ばんじゃく》ではなかったんですネ。

第35話　「豚けんけん」

ハワイ三世の女の子クララが、ばあちゃんのふるさと沖縄にやって来た。いつもオボツカナイ日本語で話をする。子どものころハワイの沖縄県人の子は他の日系の子からいじめられたと言う。「どうして?」と訊《たず》ねると「沖縄県は豚ケンケン」となぶられ、からかわれ、沖縄の児《こ》たちは皆ちぢこまっていたと言う。

言われてみれば私が大阪にいたころ（昭和二十五年）、「沖縄の人って豚と一緒に寝るって、ホンマデスカ?」と訊《き》いてくるんです。「豚と寝る?」「豚県県?」。豚と沖縄。これは唯《ただ》ならぬ因縁《いんねん》がありそうだ。その前に大阪の「ホンマデスカ?」に私は応えた。

「そりゃ間違いです。豚は元々《もともと》きれい好きで神経質な生き物です。人間と一緒に寝起きでもすれば、豚はたちまちストレスを抱《かか》えて死んでしまいます」

そしてその道理を説いてきかせます。

「豚は人間にとって大切な蛋白《たんぱく》源。米・麦・粟と同じ大切にしなければならない。寝る場所も当然人間とは別々、豚は二階、人は一階で寝るものと決められている」とお応えすると呆気《あっけ》にとられて質問を辞《や》めてくれました。（この道理私の創作です）

せっぱつまった時ビンボー人の咄嗟《とっさ》の勢《いきお》いって、とてつもない嘘《うそ》を思いつくものです。講釈師《こうしゃくし》としても、第一級の嘘ですネ！（自らの称賛）

昔、沖縄県人が南洋、ハワイ、ブラジルに移民出稼ぎに行くのは貧しさからです。僕でさえ、ヨーク覚えています。食《く》うものが無いんです。糊口《ここう》を凌《しの》ぐものもありません。他人《ひと》の畑で「ミーウム（穫《と》り残しの芋《いも》は芽《め》を出す）」をほじくり、それを持ち帰り食して命をつないでいましたよ。

結局「豚と沖縄」のゆかりは見つかりませんので豚のスゴイところだけを書いておきます。人が夜遅く帰る時は、先《ま》ず豚舎に行き、豚を起こし、からだの邪気を豚に払ってもらい、それから家に入ります。豚は憑《つ》きものを払い退《の》ける力を備えています。

豚舎のことをウヮーフルと称し、フルは単に不浄《ふじょう》の場ではなく、生きとし生けるもの悟《さと》りと迷いが同居するフールの神の在《おわ》す処《ところ》、身を浄《きよ》め、罪を漱《すす》ぐ聖《せい》なる場でもあるのです。

ついコナイダのような、昔々のような気もいたします。

第36話　古典音楽

ひところ地元ラジオ局から琉球古典音楽と琉球民謡が盛んに放送された。それを好んで聴く視聴者も古典派と民謡好きに二分していた。民謡好きな人は、うたい手を賞《ほ》める貶《けな》す相半《あいなか》ばしているが、古典派の人は「ウフブセー、ヤッパシ、ンブラーサンヤー」流石《さすが》古典は威厳《いげん》があって良いネ！と言い乍《なが》ら少し時間が経つと…。

「フィッチー、ヲゥヲゥヲゥーシヤー」その曲の長さを気になり出し、やや退屈しはじめると「ウンナゲー、アビールヤー」。一曲十五分ほど聴き終えたところで「ワッターガー、ジョージガヤラ、ヌーヤガラ、ワカラン」

うたの巧《うま》い下手の判別が出来《でき》ないと言い、とりあえず古典音楽は庶民から少し遠いところにあった。さて、且《か》つて私は客席五十人程の舞台で古典音楽の独唱を聴いたことがある。一人一曲ずつ複数の謡人《うたびと》が丁寧に歌唱した。歌い終え、万来《ばんらい》の拍手ではあるが余韻《よいん》が無く歌が虚《うつ》ろに聞こえたのはなに…？　唯空々漠々《ただくうくうばくばく》として心の隙間《すきま》が埋まらないまま席を立った。

歌が拙《まず》いわけでもないのに、その熱唱が客に否！私にかもしれないが伝わってこないのはなに？

それとは別の日に、組踊を観《み》た。劇中の台詞《せりふ》と謡《うた》とが渾然《こんぜん》一体化していることに驚いた。

あっ！　古典音楽というのは組踊のための謡だったのだ！

台詞と謡は番《つがい》なのだ。

琉球古典音楽の輪郭《りんかく》が見えはじめたころ、女をどり「諸屯《しゅどうん》」を観る機会があり、をどり出羽《んじふぁ》の仲間節斉唱と舞いの調和がたまらなく良い。

あ！　古典音楽というのは、踊りのための音楽なのだ。且ての独唱が虚《むな》しく聴こえたのは踊りもなく、台詞《せりふ》もなかったせいだったのか！　それにしても聴くべき謡もある筈《はず》だ。

私は今なお、古典音楽が何たるかの思慮分別《しりょふんべつ》を欠いたままでいる。

詩人の勝連繁雄曰《いわ》く、「舞とは地謡の声がをどりを包み込んだとき、はじめて舞台の上の舞が熱する」

けだし至言《しげん》のように思える。古典音楽の真理は組踊と共に在《あ》りということなのだろうか！

第37話　ドナイヤチューネ

青年期の十年間を私は大阪で暮らした。その日、宝塚で用事を済ませ梅田行きの阪急電車に乗り遅れタクシーで帰宅。道中、兵庫県の武庫川《むこがわ》あたりにさしかかった時、運転手さんがいきなり「ダンナハン、このあたりエライ物騒《ぶっそう》なトコデッセ！」と言う。「ドナイシタンデスか？」と訊《たず》ねると、「この辺り沖縄人《おきなわじん》がいてるんですわ！」。私は絶句…そのあと運転手さんと何を話したのかまるで憶《おぼ》えていない。そういえば、親父の口ぐせは「沖縄人と思われないよう立派な人間になれ！」だった。私の知る限り県人の方々、皆沖縄人でないふりをしている。

当時、貸家の貼り紙には「沖縄人、朝鮮人お断り」と書き添えられたという。

そのころ上阪したニーセーターはといえば、家を借りて住むという習慣もなく店子《たなこ》としての振るまいが大家さんの癇《かん》に障り「沖縄人お断り」になったのではと思われる。同年輩の知人でさえ、道でばったり会ったとき「ヌーガ。マーカイガ？」と訊《き》くと、「オッケナ声セントイテ。恥ズカシイワ。ホンマニ…」と言いやがる。

ボクはそのウチナー訛《なま》りの大阪弁が恥ずかしいのだが…。

それにひきかえ道ゆく朝鮮人の毅然《きぜん》とした姿かたちに私は目を見張った。民族独自の靴、衣裳《いしょう》、だれ憚《はばか》ることもない自国のことばで町を闊歩《かっぽ》している。

後《のち》に知ったことだが、朝鮮は日本に仏教を授《さず》けた国というではないか。然《さ》もありなん！

日本を指導した国だったのです。朝鮮の人たちは皆胸を張っている。一方ウチナーンチュ？

張る胸が無いんです。私は若輩の分際《ぶんざい》でどれほど失望したことか……。

在阪十年間でヤマトゥンチュの知人も沢山《たくさん》できました。そして訊いてくるんです。「沖縄ってフツーどんな言葉？」。どこか原始人のことばを期待しているようだったので、お応えは少し誇張《こちょう》して「最も美しいことばは琉球語だから主《おも》にこれを使う！　日本の平安時代の文法体系と思えば良い。万葉集《まんようしゅう》の中でワカラナイことばなどがあれば俺に訊け！（なんて実は何も知らない）。二番目は、アメリカ人が多いから、ま、英語かな？　あとは巳《や》む得ないときに限り日本語で話す」とお応えすれば、とりあえず押し黙ってくれた。

「もう六十年も前のコトデスワ！」

「ホンデ、ソレガドナイヤチューーネ！」

「……」

第38話　ケイカイケイホー

「北朝鮮から弾道ミサイル」が飛んで来たら次のような警報音を出しますから、テレビの前の皆さんヨーク覚えていてください！」とテレビのキャスターがその音を出して聴かせた。

スタジオのゲストの皆さんも「こんな不快な音これまでに聴いたことない！」等と言い、聴いてみるとピヤーとしたその音は短二度「CとC♯」「EとF」を重ねた音だった。

……で今日はそのような音のハナシではなく、テレビでこの警報音を聞き、昭和二十年ごろ戦時中の警戒警報のサイレンの音をふと思い出したわけです。

甲高《かんだか》いサイレンの音は鋭くかなり遠くまで聴こえた。敵機襲来《てっきしゅうらい》に備《そな》えての演習はすさまじく、この音を聴くと私たち生徒一同その場に突《つ》っ伏《ぷ》して直《ただ》ちに両親指で両耳をふさぎ、残り四本の指で両眼《め》を強く押さえろ！と指示されていた。それは爆風で耳の鼓膜《こまく》を護《まも》ることと、眼の玉が飛び出さないためだという。

防空演習でさんざん聴かされたサイレンの音も、戦争本番のときは一度も聴いたことがなく、米軍上陸の前、防空壕《ぼうくうごう》に身をひそめていると、艦砲射撃の弾丸《たま》が壕《ごう》の近くに着弾《ちゃくだん》！

いきなりだったので眼や耳をふさぐ時間もなく、幸い弾の破片《はへん》がからだに刺さることは免《まぬが》れたが、壕の天井部分が崩れ落ち、全身土に埋まってしまった。どうにか這《は》い上がって命《いのち》拾《びろ》いしたが、艦砲射撃のことなどなにひとつ聴いていなかったので面食らったものでした。

そして、今日のテレビのニュースキャスターは、「この警報が鳴ったらすぐに窓を閉めて、窓ガラスから離れてください！」「そして、外には絶対出ないでください！」と言い、沖縄戦当時は家は焼夷弾《しょうい》で焼かれてしまうため「すぐに外へ出なさい」だった。同時に私たち学童に命じられたのは「上陸した米兵は竹槍《たけやり》で刺し殺せ！」というもの。訓練は強い《し》られたものの、こどもが持った竹製の槍と、アメリカ兵のカービン銃。その差は歴然《れきぜん》！　笑っちゃいますよネ！

あれから七十年、ふたたび警報音を聴くなどユメユメ考えてもみなかったこと……。

今、温暖化と言われる垢《あか》まみれの地球、どうか音だけでも静かにしてください…。「ヨーソーケー、モーサーチャーチャー」ですよネ！

第39話　アカバナー

アカバナーに惚《ほ》れこんで、この花を記録すべく撮り歩いたころがある。その花はワンサとガヤガヤ咲くのではなく、たくさんの葉っぱの中にマバラに咲くため、ぐっと近づいて見ると遠目より美しさが判《わか》る。

その赤は朱色、紅色、緋色《ひいろ》より深く艶《つや》やか。花の中心から飛び出している花柱《かちゅう》と呼ばれる芯《しん》のきれいな曲線、それにもまして花びらの反《そ》りがたまらなく良い。

カメラのレンズをグッと近づけて接写《せっしゃ》すると一層輝きを増す。いかなるアップにも耐《た》えられる花だ！　その名がカッコイイ！　赤い花だから「アカバナー」、簡《かん》にして要《よう》！

昔、この花を後生花《ぐそうばな》（あの世の花）として忌《い》み嫌い、子どもらが持ち歩くと縁起《えんぎ》悪いから「捨てなさい！」と叱《しか》られたものです。

あまり見かけなくなった島アカバナーに代わり、外来種と思われる色も形も大小さまざまなハイビスカスがこのごろ売り出されている。中国原産とされるこのハイビスカス、世界で約二百種くらいあるらしい。白いアカバナーまである。

「いや、それはアカバナーではなくハイビスカスです」と言うのは店の主人。

ハイビスカスの原種がどれなのかはよく判りませんが、昔見かけたあの島アカバナーこそ、私にとっては原種なのです。摘《つ》み取れば立《た》ちどころに萎《しお》れてしまうこの花を、なんとか部屋に飾りたく蕾《つぼみ》のうちに摘んで持ち帰り、水たっぷりの花瓶《かびん》に挿《さ》しておくと翌日には、外と寸分違《すんぶんたが》わぬ美しさで花開いてくれました。

初めて見る花瓶のアカバナーに感動、大急ぎで6×7カメラをセットして撮影、これをLP盤のジャケット表紙にして大いに悦《えつ》に入ったものでした。

花を詠《よ》んだ名作、北原白秋の「薔薇二曲《ばらにきょく》」。

一　**薔薇ノ木《き》ニ薔薇ノ花《はな》サク**
　　ナニゴトノ不思議ナケレド

二　**薔薇ノ花。ナニゴトノ不思議ナケレド**
　　照《て》リ極《きわ》マレバ木ヨリコボルル
　　光《ひか》リコボルル

この薔薇に肖《あやか》ってどなたかに「アカバナー」の詩を書いてみると良いかも……。

第40話　クク

ククってことばが聞けなくなりました。掛け算九九ではなくて「食い合わせ」のことなんです。

古くから「九年母《くぬぶ》トゥ乳製品《ちーちー》ヤ、ククドー」（みかんと牛乳は食い合わせが悪いぞ！）と言います。そのふたつをいっしょに食べると体を害し、中毒を起こすということです。

倭《やまと》でも、この食い合わせについては、迷信だとする説と科学的根拠があるというふた通りの意見があります。古くは室町時代の権威ある書物にも見えているようで、「酒と蟹《かに》」「餅と冷水」「うなぎと梅干《うめぼし》」「たにしと蕎麦《そば》」「そばといのしし」が食い合わせ悪し！とあるそうです。

倭の「餅と冷水」に対し、琉球では「山羊《ひーじゃー》と冷水《ひじゅるみじ》」がククです。鍋に残された山羊汁をそのまま放置すると、表面が真っ白に固まり、冷えると凝固して腹をくだすというのです。

みかんと牛乳については、母乳を少し湯呑《ゆの》み茶碗《ぢゃわん》にとり、そこにみかんの汁を垂らし太陽の下に置き、しばらく経《た》つと蛆虫《うじむし》が湧いてくると言われるが、試したわけでもないので当否《とうひ》は分からない。

このほかに食べ過ぎなどの「胸やけ」のことを「ククラキ」と言い、これも食べ合わせを語源としているといわれるが、信憑性《しんぴょう》は低い。

今どき若者の珍しいお茶漬けのハナシを聞いた。白いごはんにコーラをぶっかけての食事。なんという食い合わせ！　きっと、その子の腹がびっくりしているに違いない。コーカソイドがつくったコーラとモンゴロイドの白米《こめ》とが腹の中で、しっくり馴染《なじ》むわけがない。きっと腸内苦苦《くく》が起きているに違いない。

どんな食い方でも良い、美味《うま》い不味《まず》いのハナシでもない、体の中の遺伝子を脅《おど》かすのは良くないことと言っているのです。

さて、食い合わせは食いものに限らず、人と人の間にもククは生じます。「アッター二人《たい》ヤ、ククドー」（あ奴《やつ》ら二人はククだよ）。あの二人は仲が悪い、かみ合わない、犬猿の仲という意味です。

「クヌウチドー、アメリカトゥ日本トー、ククナランガアラヤー」

「チャヌフージーガヤラ」

第41話　ニンベン

若い女の子が「お祝儀の儀の字が分からないから教えて！」と言い、その字を知っているもうひとりの子が、「イを書いてから義理の義の字」と教えた。

それは「イ」と言わず昔はニンベンと言った！　否、今でもニンベンのままだ。そんなことから、この人偏《にんべん》が気になりだした。

人偏は文字通り「人」という意の文字だ。昔から人が山に上れば仙人《せんにん》、谷で暮らす人のことを俗人《ぞくじん》と呼んだ。

であれば、私たちの住まいは山でも谷でもなく、その中間に在るわけだから、ニンベンに中の字で「仲人《なこうど》」。これは山や谷との事情が違い過ぎる。今日の仲人とは、ほぼ媒酌人《ばいしゃくにん》のことだが、古くはその文字をナカビトと呼び、中に立って橋渡しをする人と辞書には書かれている。

なるほど漢字は右側の「旁《つくり》」の都合で意を表すわけだ。現実ばなれした事が起きると「まるで夢のようだ！」と言う。そうなんです。大志を抱き夢と希望に満ち溢《あふ》れることは、ニンベンに夢、「儚《はかな》い」という意味です。

テレビでおなじみの俳優さんらは今やスター、有名人、金持ちというイメージだが、その俳の字は「人に非《あら》ず」。昔、役者は畳の上に坐《すわ》ることを禁じられたほど卑しい身分。今や逆転、輝かしい、皆《み》んなが仰《あお》ぎ見るような職業です。

世の為《ため》人の為に働く「為」の文字は元来、利益とか幸福という意らしいのだが、ニンベンに為の字を添えれば「偽《いつわ》り」。世の為人の為の本意は、自分の利益だけを重んじている方、つまり「偽りびと」ということでしょうか！

ニンベンに木は「休む」です。人が木陰で休息するさまの字ですが、現代は皆さん洋風な暮らし、ソファーやベッドで寛《くつろ》ぎ休んでは休んだことになりません。文字に忠実に、ぜひ木の下でお休みください。

それにしてもこのニンベン、一体いくつあるの？　びっくりです。六百三十八個もあります。（「漢字源」調べ）

不思議な文字を見つけました。人が老いると書き、読みは「佬《りょう》」。意味は若い成年男子のこととある。どういうつもりなんですかネ！　この文字。

第42話　いくさ場

戦時中、陸軍上等兵（下から三番目の階級）が二等兵（一番下の階級）にむかって「なに！カテカル。気味悪い名前だ。しかも三つ字。貴様オキナワじゃろ。こっち来い！」と思いきりぶん殴《なぐ》られたのは嘉手苅二等兵。

昔、琉球国が薩摩の支配下、弾圧《だんあつ》された時代そのままに、沖縄出身の新兵たちはオキナワだから殴られても仕方ないと思っていた。なにかにつけてカテカル二等兵は殴られ続け、上官が殴り疲れると、もうひとりの沖縄出身の兵隊さんを呼び出し、向かい合わせ、二人交互《こうご》にドツケ！と命じた。いつも親しくしている仲間に拳骨《げんこつ》をくらわすことが出来ず、ほどほどの力で殴ると、それを見た上官は「こうして殴るんだ！」と強烈な鉄拳がカテカルの顔面を打ち、顔中血だらけになりながら歯をくいしばり二人とも涙を流しながら殴り合ったという。

痛ましいことです。

激戦地で危険な敵地への突撃も、まっ先に送られるのは北海道のアイヌ、朝鮮人、沖縄人だと聞いた。つまり、雑兵《ぞうひょう》と呼ばれ無駄死にしてもよい捨て石として扱われた。長い間虐《しいた》げられてきた琉球人の遺伝子に虐待は受け入れるべきもの！と組み込まれているのだろうか！

ある日、カテカルの戦友がひもじさから芋を焼いて食べるところを上官に見つかり、どこかに連れてゆかれ、それっきり帰って来なかった。あの上官に殺された！とカテカルは確信した。あ奴《やつ》を見つけて必ず殺してやる！と憤激《ふんげき》したカテカルは戦後、酒を呑《の》んでは、しきりにそのハナシをしていたが、年が過ぎ遂《つい》に戦友の宿怨《しゅくえん》を晴らすことなく、この世を去った。

韓国紙「ハンギョレ新聞」の日本語版ホームページで、在日朝鮮人作家徐京植《ソキョンシク》による辺見庸著『1★9★3★7（イクミナ）』の長い紹介文の末尾に次のように書かれている。

「（この小文を書いたのは）『日本と日本人』がいかに救い難いかを嘆くためではない。（中略）私たち朝鮮人が自らに叩《たた》き込まれた『奴隷根性』を自覚し、それを克服して植民地主義と闘い続けるためである」

カテカルには強い殺意だけはあったが、闘う相手が誰なのか、知る由もなかった。

第43話　ミミズの気持ち

ミミズが、ふたつ並んで歩いていました。そのうちの一匹を人間がつまんで手の平《ひら》にのっけました。残されたミミズは隣の相棒が居ないのでびっくりして「消えた！」と思います。ミミズの暮らしは長さと幅だけの平面の世界、つまんで上に移動すれば「消えた」と感じるのです。

この平面のことを二次元といい、私たち人間の住むタテ、ヨコ、高さ三つの方向に広がる立体の世界を三次元というそうです。

三次元の人間がワンランク下の二次元の生きものを、つまむなど容易《たやす》いことだが、ミミズには理解できません。

であることから私たちの三次元より一つ上の四次元から見れば人間などチョロイ生きものです。

四次元の人が言いました。

人は部屋の出入りを、いちいちドアの開け閉めをする。開けずにドアを突き抜ける方法を知らない。コップに注《つ》いだビールまで手で持つ。置いたまま吸い上げることもコップの底から飲むことさえ知らない。

そして人間の皆さま、意思を伝えるために声まで出す。
一、稼ぐために働く
一、字を書く、パソコンを使う
一、昼起きて夜寝る
一、子孫を増やすため交尾までする
高い次元から見れば可笑《おか》しいことばかりして生きている。

人の暮らしを嘲《あざけ》る高等動物の住む四次元で、一体ナンナンデスカ！とお訊《き》きした。

答え「四次元とは、次元が四つあること、相対性理論では通常の三次元に時間の一次元を加えたもの」

「なんのコッチャ！」

訊くんじゃなかったと思ったが実は、ついこないだ、いつも親しくしている男が忽然《こつぜん》として姿をくらまし、それっきり帰ってこない。

「おい！　何処《どこ》にいる！」「早く戻って来い！」。皆祈るように捜し廻《まわ》った。今か今かと帰りを待った。居ないんです、来ないんです。

私たちみんな今、ミミズの気持ちでいるんです。

第44話　ひとむかし前のうた

奄美のうたです。

〝**枕てらむんぬ　むぬ言ゆんやれば　里がこと我《わ》こと　言らなうきゆみ**〟

（この枕がもし口を利《き》き喋《しゃべ》ることができたら、あの人と私のこと、きっと喋《しゃべ》るに決まってます）という女心で、私たち二人のこと絶対ナイショよ！という意味と、二人のこと皆《み》んなに言い触《ふ》らして頂戴！という二つの意味が含まれている。人って噂《うわさ》されたいんです。

そうなんです。女ってアサハカなんです。しかし、男はもっとアサハカです。

〝**元触《むとび》れ小《ぐゎ》なさて　新行逢小《あらいちぇぐゎ》すんで　二人《たい》になぎられて　裸なたさ**〟

（新行逢小とは恋のめばえという意味であり、初交接という意でもある。恋人をほっぽり出して可愛《かわい》い女の子を口説いていたら二人に捨てられて裸になっちゃった）

ありそうなハナシです。

そんなアサハカ者同士がひっついて夫婦となります。この夫婦きっと波瀾《はらん》万丈な人生が待ちうけているに違いないと思われがちですが、そうでもないんです。平和なんです。お子様にも恵まれます。平凡なんです。平凡が昂《こう》じると男は昔の徒心《あだごころ》が蘇《よみがえ》ってきます。

その男の人って、もしや、あなた自身のことかと訊《き》かれます。

まさか私が、そんな不埒《ふらち》なことするわけないでしょう。

そのテの男のうたがあるので聞いてください。

〝**尾類《じゅり》ぬむのう銀《なんじゃ》　刀自《とぅじ》ぬむのう黄金《くがに》　にんぐるぬむのう　四海《しけ》ぬ宝**〟

(遊女のものは銀、女房のものはその上の金　愛人のものはもっと上この世の宝)

一見節操《せっそう》のないウチマタ膏薬《こうやく》のようにも聞こえるこのうた、実は誠に的《まと》を射《い》たものなんです。女三人三様のかくしどころを称《たた》えて、なんのテライもなく、このうたは先達《せんだつ》民謡名人たちがカイサレ節に乗っけてよく歌っていましたが、この頃のうたびとたちは、このうたの中の粋《いき》さ加減がよく判《わか》らないらしく、誰も歌いません。

良いものは捨てられてしまう！

世の常ですネ！

第45話　光のアンバイ

虹を見るために太陽に背を向けるのは、太陽に向かった逆光では虹を見ることが出来ないからです。逆光のことをウチナーグチで「ドゥーグラシン」といい「自ら暗がりを作る」という語意です。

絵画の中で、この光の巧みな絵師たちのことを知りたくてフランス芸術家協会会友の画家、山田卓氏に訊《き》いた。光と影のレンブラントのことを聞きかじっていたので……。

Q「光を匠《たくみ》とするレンブラント以外の画家を教えてください」

A「光の画家は？と問われれば大方の賛同を得られるのは、ルネサンス以後ではカラバッジョでしょう。そしてレンブラント。さらにフェルメール。近現代ではボナールとなりましょうか。ボナールの『逆光の裸婦』を添付する」

ボナールを見る……。

Q「ボナールの裸婦、どこが逆光なのか全く感じとれない。却《かえ》って二年前にいただいたベラスケスの『水売り』の方に強い光を感じるが…」

A「ベラスケスの『セビリヤの水売り』は二十歳の絵で、まだカラバッジョの影響が強く、その模倣《もほう》なのでベラスケスを『光の画家』とはあまり言わない。彼はそれからはみ出す巨匠だからでしょう。しかし光の理解は超絶《ちょうぜつ》しており、彼の最高傑作『ラス・メニーナス』などは、ため息が出ます」

という返事が届いたので、「ラス・メニーナス」なるものもまた、拝見したくなった。

世界中の絵師が光を工夫するように、写真家もまた女のプロフィル撮影では、逆光の中にモデルを置きます。背後、逆光の明かりが強すぎると顔が暗くなるので、前面から補助光の銀レフ（反射板＝リフレクター）かストロボの明かりを射《さ》すことで柔らかい表情となり、逆光による髪の輪郭《りんかく》が際立《きわだ》ち見違えるほど美しく見えるというトッテオキの撮影テクニックです。

もし、ご婦人の方で今日の日はぜひ自分を美しく見せたい！と思う時は、件《くだん》のドゥーグラシンにすれば良い。室内で白昼なら部屋の窓、夜間なら明るい照明具を背にしてお坐《すわ》りになるだけで、誰もがきっと言う筈《はず》です。「きれいな方ですネ！」…って。

第46話　飛んでます

地球が回っているとは聞いているが、どれくらいのスピードかは知らなかった。赤道あたりと日本とでは速さに差があり、日本では時速千四百キロ（赤道千七百キロ）。日本の新幹線の六倍くらいの速さ。ジェット機より速い。今日のジェット旅客機のフライトでは制限されたエコノミックススピードで時速八百～九百キロメートルだそうな！地球がジェット機より速く回れば、飛行機が地球に追いつけず目的地に行けないのでは……。それが地球を包んでいる空気もいっしょに回っているので全く問題ないそうです。

人間が地球のスピードをからだに感じないのも、大気と呼ばれる空気も同じく回っているせいです。地球自身が回っていることを自転《じてん》といい、自転しながら太陽の周りを回転する。これを公転《こうてん》と呼び、地球はこの二通りの回転をしながら猛スピードで飛んでいる。公転のそのスピードがまたハンパでない。時速十万キロ（秒速二十八キロ）です。これほどのスピードでも太陽をひと回りするには三百六十五日（一年）かかるんです。太陽系って彼方《かなた》の彼方、広いんです、とにかく……。

地球は時速一千七百キロで自転しながら時速十万キロの速さで宇宙を飛んでいるなん

て、びっくりしますネ！

これまではあまりにもデカすぎる宇宙だの自然科学だのというのが私の興味の外側にあったため、そのスピードを知らされ今更のように驚きなおしているわけです。これまで私は地球が独立した星とばかり思っていましたが、八個ある星の中の一つ、太陽系惑星だったのですネ！

その中心にある太陽がまた恐ろしい。四十六億年間、その大きな炎は消えもしないで燃え続けている。燃料はどこからもってきて、どんな燃え方をしてるんですかネ！

計算では太陽の寿命はあと五十億年間、劇的な変化もなく燃え続けるというのです。太陽の炎が消えるのも怖いですが、火が消えないのも同じくらい怖いですネ！

それにしても、何と今頃、自転だの公転だのと書き連ねるかというと、私と同じように地球に住んでいながら地球のスピードを知らない人が、他にもきっと居る筈《はず》だ……！と思ったからなんです。

第47話　ヤーチュー

十六歳のとき私は突然眼《め》が見えなくなった。感じとしては失明というより、目の前に大きな黒い風車《かざぐるま》のようなものがくるくる廻《まわ》っていて、これに遮《さえぎ》られて中心部が見えないのだ。終戦間もない頃なので、眼科の専門医院もなく、越来村《ごえく》に一人「ミーイサ（目医者）」と呼ばれている人が居られて診《み》てもらった。その人は私の瞼《まぶた》をひっくりかえしたりしていたが、「眼に全く異常はない」と言った。ま、病気は見当たらない、という風《ふう》な言いぐさだった。運良く、もひとりの眼科の専門医を見つけたので、すぐに診て戴《いただ》いた。瞼をひっくりかえす診療は前のミーイサと全く同じ。その専門医もはっきりこう言った。「心配ない。眼は正常です」

正常であれ何であれ先《ま》ず見えるようにしてくれ！という願いは叶《かな》わなかった。ヒョンなことからヤーチュー名人にお願いしたらと奨《すす》められ、コザ市のカマハラの御自宅を訪ねた。ヤーチュー名人は私の眼を診ることなく「ハイ！判《わか》った。坐《すわ》りなさい」と、お灸《きゅう》をすえた。灸といっても、モグサをすえるのではなく、薄い和紙にモグサを綿棒状に巻き、これを頭から背中、腹、脚のツボにつけるだけなので全く痛みを感じない。

「今なにしているんですか！」と訊《き》くと「焼いているよ！」と仰《おっしゃ》る。子供の頃悪さをして、テンプスにすえられたヤーチューの痛さと較《くら》べて雲泥《うんでい》の差《さ》だ。灸は素早《すばや》く二〜三分で終わった。この紙巻きの灸をチーチキヤーチューと称《しょう》し、チーチキとはちょっと点《つ》けるだけという意だ。

ヤーチュー三回目あたりから風車のサイズが小さくなってゆく。色も淡くなり、五日目では確実によくなってゆく。嬉《うれ》しくて一日一度の灸を朝夕二回のチーチキを申し出たが、一日一度で充分ということで十日くらい経《た》った頃だと思う。大きな風車は豆粒ほどにまで小さくなり、ヤーチューも少し痛みを感じるようになり「痛いです！」と言うと、「ヤムレーノートーサ」（痛けりゃ治っているよ）と言われて風車が消えて、眼は元通りになった。

このヤーチュー名人、きっと神様だと思った。その方は基地の街コザ市長を四期務められた県政界の重鎮、大山朝常夫人、学校教諭、大山光先生だった。六十年後、ヤーチュー名人の仏前に手を合わす機会があり、改めて風車退治の感謝を申し上げ合掌することができた。

第48話　髪型

「男子のヘアスタイルで弁髪《べんぱつ》というのを知ってますか？」

「昔、中国で流行《はや》ったアレでしょう」

「そうです。中国のあれです」

髪の前の部分を剃《そ》り落とし、後ろ半分を伸ばし三つ編《あ》みにして背中へ垂らした髪型。これを見た西洋人、ピッグテイル（豚のシッポ）と呼んだ。

中国では、当時の清《しん》が漢民族に強制した髪型のため、中華思想の強い知識人たちは、この弁髪を嫌がって、こんな髪型をするくらいなら、死んだ方がまし！として、自殺者が出たという記録がある。

この中国の三つ編みを琉球では「ヒラグン」と呼び、民謡の「廃藩《はいばん》のサムレー」に歌い込まれている。

〝唐《とう》やヒラグン倭《やまと》を断髪《だんぱち》　我《わ》した沖縄《うちなー》カタカシラ〟（唐は三つ編、日本は断髪、吾《わ》が琉球はカタカシラ）と囃子《はやし》ます。

カタカシラは日本の丁髷《ちょんまげ》のように月代《さかやき》を剃らず倭の儒者《じゅしゃ》のように、髪を伸ばし束《たば》ねて結《ゆ》い、これを日本では「総髪《そうはつ》」と呼びます。丁髷は前を剃り落とし後ろ半分の髪で髷《まげ》を結うので、これを「半髪《はんぱつ》」と呼ぶのです。昔のお侍《さむらい》さんや町人にいたるまで挙《こぞ》って、この半髪です。

総髪を少し長めに切り下げておくことを「ざんぎり頭」という。日本では明治のはじめ頃、流行し、半髪や総髪に対しこのヘアスタイルが文明の象徴だった、と書かれています。

そのころの風刺ことばがある。

〽ざんぎり頭を叩《たた》いてみれば　文明開化の音がする
〽半髪頭を叩いてみれば　因循姑息《いんじゅんこそく》の音がする
〽総髪頭を叩いてみれば　王政復古《おうせいふっこ》の音がする

○文明開化＝世の中が進歩して生活が豊かになる。西洋崇拝。
○因循姑息＝古いしきたりに拘り前向きでなく、その場しのぎ。
○王政復古＝武家政治を廃止して統治権が江戸幕府から朝廷《ちょうてい》に移る。

平成の御代《みよ》の男の頭も音がするんだろうか？

第49話　カネがはずれた

この島で加齢でボケたことを「カニハンディ」（カネがはずれた）という。それを丁寧ことばでいうところがご愛嬌《あいきょう》です。「カニハンディトーミセーン」（カネがおはずれになられた）。目上の人にはボケても敬意を表さないといけません。

そこで、このはずれた「カネ」って一体なんだろう！と思い、聞いたハナシでは大工さんの七つ道具のひとつ、L字型の大工金《だいくがね》と呼ばれるモノサシ、ウチナーグチのバンジョウガニのことらしい。

倭《やまと》では曲金《まがりがね》・曲尺《かねじゃく》・指金《さしがね》と呼ばれていて、正確にモノを計れることから、沖縄ではバカ正直で融通のきかない人のことを「ヤナ、バンジョウガニー」と言う。「カニハンディ」は、あの正確な曲尺のカネがはずれる、つまり正しくモノを計れなくなった！ということらしい。

仮に人がボケてなくても間違った行動をすると「ハンディトーン」（あ奴《いつ》、はずれてる）と言われ、もっと大きなミスをすれば「フリティィルウェーサニ」狂《ふ》れもの呼ばわりです。

年寄りのモノワスレも、ごく自然な現象です。私も人並みに、もの忘れをすれば周《まわ》りの心温かい方から認知症予防の箇条書《かじょうが》きが届けられます。

先《ま》ず脳の活性化に一、読書。一、音楽を聴く。一、絵を見る。一、ラジオを聞く。一、料理をつくる。一、掃除洗濯をする。苦手なものばかりだ。

中でも最も大切な条件として次のふたつ。一、子や孫と遊ぶ。二、人とお喋《しゃべ》りをする。このお喋りが気になった。江戸時代の儒学者《じゅがくしゃ》、貝原益軒《かいばらえきけん》の「養生訓《ようじょうくん》」では次の通りだ。

「老境《ろうきょう》に居ては無益な努力と技術に心を労し、気力を浪費するべからず」

一、寝過ぎないこと。一、食べ過ぎないこと。一、話し過ぎないこと。つまり、老人は、寝るな！　食うな！　話すな！　なのです。

手元にある脳の活性化では「たくさんお喋りしなさい」。「オイ！　どっちなんだ！」と迷ったものですが、そんなこと気にしていたら、オチオチ年もとってられないので、結論として活性化も養生訓も、なしにしたのです。

第50話　お名前

いつも親しくしている盛和《もりかず》氏が突然、ぼくの名前の「和《わ》」の字をなぜ「かず」と読むのか！と訊《き》いてきた。

いや、それは私の専門外だからとご辞退したが、どうもその和の字が気になり、昔、音楽用語に「和声《かせい》」のあったことを思い出し、漢字源をめくる破目《はめ》になった。

そこには女子人名の和子の字の読みがあり、「あいこ」「ちかこ」「とくこ」「ともこ」「まさこ」「やすこ」「よしこ」「よりこ」、これをすべて「和子」と書くのです。

盛和氏の奥様の名もまた「和」の字で「和子《かずこ》」。かずこの文字も多い。「一子」「二子」「三子」「五子」「七子」「八子」「九子」「十子」これもすべて、かずこと読んでよいそうな……。

日本の戸籍法で名前に使ってよい漢字として983文字、告示されていた。

このごろのお子さんの名前は読み難いものがいっぱいですが、昔は見てすぐ読める文字が良い名とされた。

私ごとですが大阪に居たころ、「ふきゅうはらさん」と呼ばれて泡喰《く》ったことがある。

これでフクハラと読むのか！と問い質《ただ》してくるので「はい！　その通りです」と応える

と、怪訝《けげん》な顔で、どうして「福原」ではないのか！と聞き返す。「私オキナワの者ですから…」と申し上げると、さらにびっくりして「日本語お上手だネ！」なんて言われて……。

ま、六十年くらい前のことです。あのころ沖縄が日本だなんて知らない人、いっぱい居ましたよ。

聞いたハナシです。先輩が後輩に漢字の読みを訊《たず》ねた。

「日本で西京《せいきょう》と書けば京都のことだが、次の文字読めるか！」

「北京《ペキン》」……中国の首都、よく判《わか》ったな。

「広東《かんとん》」……その通り。

「南京《なんきん》」……さすが勤勉家。

「東京《とんきん》」……お前フラーか。これはトウキョウと読むんだ！

なんて、ひっかけられたりして……。

第51話　やきもち

やきもち、というのは「愛する人の愛情が他の人に向いてしまうことを恨《うら》み憎《にく》むこと」とされている。また、やきもちは焼きすぎると自分に禍《わざわ》いを招くからほどほどにと言い、「焼餅焼くとて手を焼くな！」の諺《ことわざ》もある。

やきもちは嫉妬、悋気《りんき》、ジェラシー。ウチナーグチでは「ウヮーナイ」と言い、倭《やまと》の「うわなり」です。その文字「嬲《うわなり》」と書きますが、嫌な字ですネ！　二人の女に男がはさまれると書くのは怖い字です。

仮に、この文字とは逆に二人の男が一人の女を、はさみ込むという字があれば面白いな！と思って辞書を捲《めく》ったら、ありましたネ！

びっくりですネ！　「嫐」ナブルと読むんです。意味は男が女にうるさくつきまとうこと、とある。この字もまた字面がよくありません。文字に見えない、まるでガンマリした感じですが、一度見たら、忘れられない形をしてますよネ！

さて、この嫉妬でカリカリしている人のことを「リンチェープープー、タンチェーパーパー」と言い、倭口《やまとぅぐち》なら「悋気プンプン短気パンパン」というところでしょうか！

この「うわなりねたみ」の文字も「後妻嫉妬《うわなりねたみ》」と書き、室町時代の習俗で「後妻《うわなり》打ち」とあるのは「先妻が後妻を打つこと」と記されている。

一度離縁した前妻が後妻にいやがらせをする行為で、前妻は新しい妻をねたみ、親しい女友達を連れ立って後妻を襲い集団暴行を加えるという行事なのです。後妻もまた仲間の女友達を集めてこれに応戦、迎え撃つという世にも不思議な民間伝承《でんしょう》行事なんですネ！

そんな一大事なときに亭主は、どこでどうしているとは一切書かれていません。

恐らく、どこかものかげに身を潜《ひそ》めてジーッとしていたとしたら相当情けない格好《かっこう》ですよネ！

その「ウワナリ打ち」で女たちが持った武器は箒《ほうき》やスリコギなどだったと書かれています。

「ヰナゴー、イクサヌサチバイ！」（女は戦の先陣）のことば通り、昔から女は怖かったんですネ！

第52話　倭口《やまとぅぐち》

道が混雑して車が立ち往生しているとき、うしろ座席の老人《おじさん》が「トーハイ、早く前に歩かして！」と言うと、同乗していたヤマトゥの若者「エッ！　歩くんですか！」。というような誤解しやすいウチナーヤマトゥグチを少しばかりメモしておきます。

○このお茶チョットカタイネー！（このお茶少し濃いんじゃないの？）

○ンチャアンナニ湯《ゆう》ふかすのに。（そりゃ沸騰し過ぎだよ）

○でも、早くとカケタラ良い方だよ。（前に較《くら》べりゃ、まだましよ！）

○男が出ていて、外からもの読んで歩いて……。（男のくせに口数多いんだから、あ奴《いつ》！）

○あれは、マルヘイゼイから、そうだよ。（あ奴は、いつものことさ！）

○あんなにされて、こっちは何処《どこ》から怒るから。（あれほどひどいめに遭わされては、俺もだまってはいられないよ）

○イエー！　あれなんかの電話番号いくらだったネー？（あの人の電話番号教えてよ！）

○誰なんかよー。（どなたの電話番号？）
○だあ、まず、問うてみようネ！（ちょっと、訊《き》いてみるかな？）

――会話――


「あとから君の家に来るよ！」

「誰が来るの？」

「僕が廻《まわ》ってくるよ」

「何が廻るの？」

なんて話がどうも、噛《か》み合わないんです。

「雨降りよる。傘かぶって歩かんと……」傘はさすものです。

「アイ！　雨晴れている！」雨は止《や》むんであって、晴れるのはフツー空なんです。

「このテレビー、つからなくなっている。やぶれているハズ」

機械類は壊れます。破れるとは言いません。

「酒呑《の》んで車持って歩く人がどこにいるか！」

持って歩く？

間違った日本語ですが、無くしたくない言葉でもある。

第53話　サンサナー

私たちが子供のころは、いつもヤーサ（空腹）ばかりして、夏は蝉《せみ》やバッタをおやつにした。木に縋《すが》っている蝉は、そっと近づけば手掴《づか》みできるが、上方の蝉は届かないので、芭蕉《ばしょう》の葉っぱをぐるりメガホン状に巻き、これを近づけると蝉は驚いて葉っぱに転げ落ちるという仕掛《しか》け。蝉は葉っぱが滑《すべ》って這《は》い上がれないんです。

十四ほど捕り終えれば、落ち葉などをかき集め、これを燃やして蝉を燃《く》べ、焼きすぎると炭の塊《かたまり》になるので注意深くこれを行う。子らの学校の成績はディキランヌー（劣等生）だが、食うことになると職人芸のような腕前。見事に焼き上がれば、煤《すす》を払いこれを食す。ごく僅《わず》かな蛋白質《たんぱく》の摂取《せっしゅ》です。

沖縄の夏はジージー小《ぐゎー》から始まり、二番目がナービカチー（油蝉《あぶらぜみ》）、そしてサンサナー（熊蝉《くまぜみ》）の順で聞こえてくるが、今年はいきなりサンサナーから鳴きだした。前の二つは未《いま》だ地中にいるのか！　時間がずれたのか！　前を省略したのか！

元来、夏の真っ盛りといえばサンサナー。暑さが緩《ゆる》むころジーワという名の蝉の声。そしてグーワの声を聴けば秋です。しかし、ここ何年もジーワもグーワの声も聞けないのは何だろう！　滅《ほろ》びたのか！　これも略したというのか……。

蟬は地中で何年もかけて成虫となり、やっと地上に顔を出し、地上での生活はわずか一カ月ほどです。昔の人はその無常観《むじょうかん》と蟬の抜け殻《がら》、この世の人「現人《うつせみ》」に準《なぞら》えて「空蟬《うつせみ》」と呼び、夏の季語としました。

その名句に触れると、蟬に対してこれまでの罪を償《つぐな》わねばと心底《しんそこ》思えてくるのです。


空蟬や一《ひと》太刀《たち》浴《あ》びし背中かな　野見山朱鳥

空蟬やいのち見事に抜けゐたり　片山由美子

岩に爪たてて空蟬泥まみれ　西東三鬼

空蟬のいづれも力抜かずゐる　阿部みどり女

空蟬に蟬のかなしみ残りけり　林翔

空蟬をのせて銀扇くもりけり　宇佐美魚目

趣の異なる琉歌では

朝やサンサナに　たたち起《ウ》くさりてぃ　目《ミィー》んカファカファとぅ　鍋《ナービ》かちゅさ

サンサナぬやから　あびるかじあびてぃ　夏《ナチ》ぬ一寸《ウス》ぬ間《マ》ぬ　命《イヌチ》まじり

我《ワ》ね花ぬ木《ク》陰《カジ》　たぬで憩《ユ》くたしが　夏雨《ナチグリ》やあらん　アササ情《ナサキ》

第54話　チコンキ

昭和のはじめごろ蓄音機《ちくおんき》のある家は、生活にゆとりのある家です。村に1軒、多くて2軒がせいぜい…。

夜になると近所の人がレコードを聴くために、その家にやって来る。家主は集まってきた皆さんのために手廻《まわ》しの蓄音機のゼンマイを巻いて聴いてもらっていた。うたは民謡です。皆んな、わくわくして嬉《うれ》しいのです。はじめて聴く、この文明の機器七十八回転SPレコードに皆んな、かじりつくように聴いている。「チチグトゥヤッサー」（聴き応えのある、すばらしい歌声）と、同じうたを2度くりかえし聴く人もいた。

レコード針は1曲ごとに取り換えるが、戦時下の日本は、武器を作るために各家庭から鍋など鉄製品を供出するほど鉄不足。鉄針《てつばり》の代わりに竹針も市販されていたが、音質がイマイチだったので、鉄針を砥石《といし》で研いで大事に使っていた。その他に蘇鉄《そてつ》の中心にある鋭い針状のところを代用したが、音が小さいという難点があった。

酷使《こくし》された蓄音機は故障すると、那覇の修理専門店に届け、1カ月くらいで分解掃除《ぶんかいそうじ》を終えて戻ってくる。

戦後、私が上阪して勤めたところが希《く》しくもレコード店兼蓄音機修理店。ポータブル蓄音機が山ほど来るのです。

ほとんどがゼンマイ交換《こうかん》、この作業は技術というより腕と指力が無ければ出来ません。古いゼンマイをはずす時と新しいゼンマイの入れ替えの時はゼンマイは凄《すご》い勢いで跳《は》ね返ってくるため、この作業で眼をつぶした人や耳を失《な》くした人のハナシで威《おど》かされ、腰が引けたものだが、数をこなすうちに比較的楽に出来るまでになった。

ゼンマイ切れの次に多いのは、分解掃除（部品をバラしてベンヂンで洗浄《せんじょう》、組みたて、新品同様にする）。店ではそれはせず、回転するターンテーブル下方の歯車にグリスが固まり、こびりついているだけなので、これを拭きとり油を注《さ》す、つまり油を注すだけで分解掃除の代金を頂くわけです。「エライ、ガメツイヤナー」と言えた分際《ぶんざい》でもなく、店の主《あるじ》も「ホンデエーンヤ」と仰《おっしゃ》る。商魂たくましい大阪の地でゼンマイを入れ替えるたびに、戦前、蓄音機に群がっていた人たちのことなど、フィ！と思い出したものです。

第55話　速くて良い

「早飯《はやめし》早糞《はやぐそ》芸のうち」というのは何の取り柄《え》もない奴《やつ》が食事のスピードと排便だけが異常に速く、それを特技としている人のことです。

優雅なフランス料理は、ゆったりとお喋《しゃべ》りしながらの食事。私たちが子供のころ食事中に喋ったりすると「喰《く》うか喋るか、どっちかにしろ！」と叱られた。

そのころの食事とは言っても、芋《いも》とンナシルー（熱湯に味噌《みそ》をといただけ）を大急ぎで掻《か》き込むという感じ。所要時間2分もあれば充分！

小学校での標語「健康のため、よく噛《か》んで食べませう」とありはしたが、みんな早食い、食は呑《の》み込むものだった。

おかげで胃が丈夫！　噛まずに食して胃が丈夫になる医学的根拠があるか無しかは知らないが、めしは流し込むものだったのです。

いつだったか、ある神戸ステーキの店で鉄板を囲んで料理をしながら料理人その人が私の食べ方にダメダシをしてきた。

その人「ウンジュガ、カミヨーヤ、ンーチェーンーダン」（そんな食べ方はじめて見た）。

私「ヌーガチャーソーガ」（どこが変なのか）。その人「イチシムガヤー」（言って良いのかな）。

私「ジコー、シムンテー」（是非聞きたい）。その人「ヌスドゥヌ、ムヌカムンネー、ソーン」（まるで泥棒のような食べ方…）。見つかったら大変！　という風《ふう》に見えるらしい。

いきなり言われたので面喰《めんく》らったが、早食いが見た目は悪くても良心に恥じる程でもあるまいと、周りの方にテンポを合わす気も起きないんです。

めしは静かに速くが、からだに良いに決まってます。長年かけて頑丈《がんじょう》な胃もつくり上げたし、今を更《さら》ゆっくりなんて……出来そうもありません。

食べるのほかにも、速いが良いということわざがあります。

〝巧遅拙速《こうちせっそく》〟

仕事が上手で出来が遅いよりは多少下手でも速いほうが良いというのです。

下手でも良いなんて、救われますネ！　これからも気楽に、めしが食べられます。

第56話 ウンケー

知りませんでしたネ! お中元って、てっきり旧盆の贈答品のことばかり思っていましたが、元々《もともと》中国の行事で一月十五日の上元《じょうげん》、十月十五日の下元《かげん》の祝いに対して、七月十五日の中元は人間の罪を赦《ゆる》していただく贖罪《しょくざい》の日。これが仏教の盂蘭盆《うらぼん》(旧盆)と結びつき祖先崇拝の行事となった。江戸時代では、半年生存の息災を祝って親類縁者が互いに訪問しあって祖先の霊に冥福を祈る行事が中元だったのですネ!

倭《やまと》の盂蘭盆の初日は迎え火を焚《た》いて精霊《しょうりょう》を迎えます。私たちも御迎《うんけぇー》には門前にて松脂《とぅぶし》(現在はロウソク)を灯《とも》して祖先を招き入れます。〝七月正月《しちぐわちそーぐぁち》スンディィル、男《ゐきが》ア居《をぅ》ル〟(盆と正月のために男は居る)のことば通り、昔から供え物の準備は、すべて男の役目でした。

沢山《たくさん》の果物とウンケージューシー、ウチカビ、無縁仏《むえんぼとけ》のためのミンヌク、ガンシナ(ご先祖様がおみやげを頭に乗っけるための輪っか)、迎え火焚《た》くのも朝昼晩の御茶湯《うちゃとう》も、すべて男の仕事です。

グーサンヲゥージ(さとうきびの杖《つえ》)、これは精霊がお戻りのときの杖で、サトウキビは七節《ななふし》と決められている。この島でソーロウマと言えば昆虫のナナフシのことだが、倭での精霊馬《しょうろううま》は旧盆に拵《こしら》えるもの。キュウリを馬に見立て四本のオガラを刺し込み脚とする。ナスは牛に見立て四本脚を挿《す》げ、馬に乗って早くお越し下さい。お帰りは牛に乗ってゆっくりお戻り下さい！と手を合わす。

島の旧盆になくてはならないのがエイサーです。美しい静の平敷屋《ふぃしちゃ》エイサー、屋慶名《やきな》エイサー。好対照の山原《やんばる》エイサーは動の速いテンポのエイサーが圧巻です。

中部で最も美しいとされたのが千原《しんばる》エイサー。沖縄市園田《そんだ》の小浜守栄氏らがこれを習い覚え、園田青年団に特訓、一層華《いっそうはな》やいだものに仕上げ園田エイサーとして打って出た。その手振り、波ヌケーリンネー（波のようなうねり）、今やあちこちで園田エイサーの振りが色濃くなり、その大本《おおもと》である千原エイサー（園田エイサー）が全島を席巻《せっけん》したかのようにさえ思える。

この頃では、観光資源としての役割もあり「年中エイサー」ということばも生まれたが、やはり、ウークイの七月エイサーが一番輝いて見える。

第57話　下駄

久しぶりに「下駄《げた》」を履《は》いた。何だ。この気持ちよさは！

子供の頃、年に一度だけ「正月足駄《そうぐわちあーじゃ》」として新しい下駄を買ってもらっていた悦《よろこ》びが甦《よみがえ》ったのか…。いや、それだけではない。

その心地良さが何故か？　からだに精《くわ》しい人に訊《き》いた。

足は第二の心臓と言われるように、終日靴で、しばりつけられるとダメージを受けて良くない。

下駄は血行を良くし、体調が整《ととの》い気分快適となる。ヘルシーな履《は》きものです。

昔、子供の頃、学校へは靴を履き、帰ればハダシの日々だった。原始時代は世界中の人は皆ハダシだった筈《はず》だ。しかし、人は、履きものを発明した。

和風なら下駄、草履《ぞうり》、わらじ、足駄《あしだ》、雪駄《せった》。洋風なら、スリッパ、サンダルの類《たぐい》。

日本では、履きもののことを「履《くつ》」「沓《くつ》」と称し、素材は革、木、糸、麻、錦で作ると記されている。

雨の日は木履《きぐつ》です。柳、胡桃《くるみ》、橅《ぶな》の木で作られ、祇園《ぎおん》の舞妓《まいこ》さんの「ぽっくり」は桐《きり》や杉で作るようです。

文化文政時代、吉原遊郭の遊女が練《ね》り歩くときの高下駄。テレビでしかお目にかかれない、あの花魁《おいらん》道中の内八文字《うちはちもんじ》の歩き方（京都島原の遊女は外《そと》八文字だとか…）。

沢山《たくさん》の履きものの中で傑作は、やはり下駄でしょう。直《す》ぐ履ける、直ぐ脱げる。からだに一番フィットする。

大正時代、日本を訪れた西洋人が目を見張ったのは、東京市中を歩く多勢の皆さんの、カランコロンとした下駄の音。その大きさに吃驚《びっくり》しています。

国中の人が下駄を履いているのですから、そりゃ、おどろきますよ！

今、もしこの下駄の集団の音が再現できれば、きっと、この世のものではない程の大噪《そう》音《おん》になる筈です。是非《ぜひ》聞いてみてびっくりしたいですネ！

俳人正岡子規も驚いています。

すさまじや　花見戻りの　下駄の音　　子規

第58話　お坐り

人の坐《すわ》り方で正座はO脚になるため、ゼッタイに辞《や》めた方がよい！と言われる一方、O脚を治すには正座が一番良い！とも…。

「オイどっちなんだ！」と言いたいが、やはり見た目、正座が一番カッコイイ。

とりわけ着物姿の正座は美しく、男子は威厳と男前が上がり、女子は、みやびやかに加えて色香を増す。

正座に対して楽な坐り方に「胡坐《あぐら》」がある。いまどきの若者たち何故《なぜ》かアグラが苦手。アグラをかけば両膝《りょうひざ》が地につかず文字通り浮き足立った坐り容《かたち》は不格好だ。それは、すべて椅子暮らしのせいなのです。

アグラは、お尻が痛くならないように座ぶとんを敷くが、昔は藁《わら》で編んだ敷きものを「褥《しとね》」とか「円座《えんざ》」と呼び、これを敷いた。

人は、より良い坐り心地を工夫して椅子を作ります。戦国時代の武将は携帯用折りたたみ腰掛け「床几《しょうぎ》」に坐り、より、ゆったり寛《くつろ》ぐための「肘《ひじ》かけ椅子」「安楽椅子」、今ではクッションのついた「ソファー」まであります。この楽な坐りが人の膝《ひざ》関節などの筋肉を衰えさせアグラもかけなくなったというのです。

正座や胡坐が、からだに良い坐りですが、より安定感のある健康的な坐りに「シャガミスワリ」、沖縄で「トゥンタッチヰー」がある。和式トイレのあの坐り方です。膝も尻も地につけないため、足も痺《しび》れません。膝も痛めません。立つときも一気にスッ！と立てますが、見た目に美しくないのが玉に瑕《きず》です。

からだの専門誌に、正座は「猫背が治る」「内臓器官を正常な位置に戻す」「腹筋や背筋が鍛えられ腰痛予防となる」「骨盤がひきしまりＯ脚を改善する」、なんと、良いことずくめです。

倭《やまと》では正座のほかに「立て膝」「跪座《きざ》」「端座《たんざ》」など、いろいろな坐り方があるようですが、健康を願うのであれば「正座」が一番ということになりましょうか！

しかし、より一番のおすすめは「シャガミスワリ」です。むかしむかし、ヒト科の現生人類ホモサピエンスも、きっとこの自然な容で坐っていたに違いないと思えるのです。

このトゥンタッチヰーで車座になって、オハナシしてみたいですネ！

きっと、平和で安らかな時間が流れると思いますよ…。

第59話　ザ・ゴキブリ

我《わ》が家でゴキブリを見つけた女の子が、キャーキャー叫びながら走り廻《まわ》っている。その次に発したことばが耳馴《な》れないもの…。

「キャー、千円、キャー、千円」と、くりかえし言っている。

なんだ、その千円って？　ゴキブリ捕ってくれたら千円あげるだった。

「二千円なら捕ってやる！」と言ったとか……。

実はこのゴキブリ、原爆で人類が滅亡《めつぼう》しても生きているという強い生命力の虫らしい。

ゴキブリの起源は古く、江戸時代、人の食事用の椀《わん》（御器《ごき》）をかじる「御器噛《ごきかぶ》り」の名らしい。別名、油虫、つのむし、あくたむし。沖縄ではトービーラー。

それでも見つければ、スリッパや蠅叩《はえたた》きなどでひっぱたけばゴキブリの腸《はらわた》が飛び出し拭きとるのも大変！　殺虫スプレーも匂いがきつく息苦しい。

捕らえ方に一計《いっけい》を案《あん》じた結果、次の方法を見つけた。

洗面器半《なか》らの水にスプーン一杯の粉石鹸《せっけん》を溶かし、一匹ずつ手づかみにしてほうり込むだけ！　一瞬にして虫はパタイする。

にもかかわらず若者らが、手づかみなんぞいや！と言うんです。私がレクチャーいたしました。

上から素早く押さえ、軽く握るのがコツ。強くつかむと、一カ所に鋭い針を持っていて刺さるとチクリと痛いので、優しく持ってポイ！と洗面器に入れるだけ。とても楽な作業です。（スピード感覚さえあれば…）

部屋は汚れない。匂わない。コストが安い。良いことずくめ。

いつだったか、台所の流しに落っこちたトービーラーは、つるつる滑って這《は》い上がれません。そこで、石鹸で手を洗いながら二～三滴、この虫に落とすんです。そのご逝去《せいきょ》のあまりの早さに驚きますよ！

さて、このトービーラー、生意気にも夏の季語なんです。

先達《せんだつ》俳人らの句がありますので、書いておきます。が本日は、俳句のお話ではなく石鹸水のお勧《すす》めですから、ぜひお試しください。

あるはずのなき隙間へと油虫　　土生　重次

ごきぶりを打ち損じたる余力かな　　能村　登四郎

第60話　おくすり

東京慈恵会医科大学の森田正馬《まさたけ》名誉教授は「人は充分なスイミンが必要であることにとらわれて寝よう寝ようと焦《あせ》って寝られなくなるのと同じく、病が不安になり必死に病を排《はい》除《じょ》しようと薬を呑《の》むことで不安が、ますます増えてしまう。それは良くないので、最良の治療『あるがまま』という方法で治《なお》す」と言っている。

昔の人は、病は命がけで治すというより、ゆったりと薬を呑むことを「薬餌《やくじ》に親しむ」と言い、しばらく休みがてらに病とつき合ってやるわい！　という気概《きがい》です。

良く効く薬は「妙薬《みょうやく》」。若返りの薬は「秘薬《ひやく》」。これは誰にも知られないようにこっそり秘密にして呑《の》むことで、この名がある。「聖薬《せいやく》」とは聖《ひじり》なる人から賜《たまわ》る有《あ》り難《がた》い薬のこと。

何の薬？　と問えば、

マブヤー落としたときに呑む薬と言う。そんな薬ありましたっけ！

それから私たちが今呑んでいる薬のほとんどが化学合成された薬ですが、調剤せずに薬草そのものを煎《せん》じて呑む場合、これを「生薬《きぐすり》」といって、びっくりするほどの効力を見せる。「媚薬《びやく》」とは、古くから東洋で使用されていた惚《ほ》れ薬のこと。それって、効くんですかネ！

「薬師《やくし》」とは医者のこと。「薬悩《くすりなや》み」とは副作用のことです。「薬食《くすりぐ》い」とは獣肉《けものにく》を食べること。言われてみれば戦争前、人さまの家で肉汁など馳走《ちそう》になったとき、「ごちそうさま」ではなく「クスイナイビタン」（薬になりました）と言っていました。

現代の薬は、水薬、散薬、丸薬、煎薬など山のようにあります。

私ですか？　かかりつけの病院からいつもマンガタミー（袋いっぱい）の薬を持たされます。「これは血圧、これは前立腺、これは抗生剤、これは気管支、ビタミン、カマグ、デパス。説明書をよく見て間違いのないように…」と毎回厳命《げんめい》されます。

偶《たま》に私が薬を呑もうとしたら「さっき呑んでたよ！」と言われ「判《わか》ってる！」と言ってはいるが、呑んだこと、すっかり忘れている。おや！　俺カニハンディガター（初期認知症）なのかと一瞬ハッ！としても、徘徊《はいかい》も妄想《もうそう》も幻覚《げんかく》もなし。年相応《としそうおう》の「まだらボケ」くらいで痴呆《ちほう》には達してないと確信しているが……。

そのカクシンが危ないと、いつも言われているんです。

第61話　あゝ芸の人

「芸は身を助く」と言います。芸に助けられて幸せな人生だというのです。これを皮肉った句に「**芸が身を助くるほどの不仕合《ふしあ》わせ**」というのがあり、意は道楽で覚えた芸で暮らしをたてるほど落ちぶれてしまった、という境遇《きょうぐう》を憐《あわれ》んでいることばです。

そのほかに「芸は身を食う」「芸は身の仇《あだ》」。なんだか芸が悪いもののように聞こえます。いや！良いことばもあります。「芸は道によって賢《かしこ》し」。いかなるものごとでも、その道の専門の人が一番良く知っている。門外の人は口出しするな！ということでしょうか！

芸と言えば、うた踊りの稽古ごとがいかにも芸という感じで、どこか華やいだものを連想します。辞書によれば「芸とは修練によって得た技術をともなう遊びごと」と書かれているが、一口に遊びごとと言えるだろうか！

いや！それどころか戦争前の小学校教育現場では、習字、図画、工作、女子は裁縫、家事にいたるまで、芸能科という科目だったのです。

なんとも幅広い芸能だが、ここでは、うた踊りの芸についてのみ申し上げれば、芸人は芸を極めるため全身全霊《ぜんしんぜんれい》をささげます。そして、ある地点に到達《とうたつ》したとしても芸術の部類には入れてもらえません。

芸術を引いてみた。「芸術とは、観賞的価値《かんしょうてきかち》を創出する人間の活動及び、その所産《しょさん》」。ナントイカメシイ！　芸が遊びごとに対し、芸術は価値ある所産としている。

おや！　ならば琉球芸能も芸術ではなかったのか！　国指定の冠《かんむり》がつけば別だが、そうではないかぎり芸能は遊びごとの枠《わく》を出ることが出来ません。

私は、これまで芸能人と芸術家とはほぼ同じものだとばかり考えていたが、このふたつ似《に》て非《ひ》なるものかもしれません。

日本の能楽《のうがく》はリアリズムの弊害《へいがい》を免れた世界唯一《ゆいつ》の芸術であることはアラカタの人が承知しています。この能に肩入れした室町幕府三代将軍足利義満《あしかがよしみつ》のような政治家がもし沖縄に居られたら、きっと琉球芸能も芸術的大成を遂《と》げるかもしれませんネ！

第62話　怖かった

レントゲンを診た医師は、こともなげに「大腿骨骨折《だいたいこつ》です」と言った。いや！お恥ずかしい。畳のへりにケツマズイテ、転《こ》け脚の骨を折ったのは私です。大きな病院に移され、検査室のようなところに運ばれた。体温と血圧を測定し腹部にべたべた何か塗りつけているので、「それ何ですか？」と訊《たず》ねると、「エコー」だと言う。脚が折れて腹を調べるのが不審だったので「なぜ腹を診るんですか？」と訊《き》くと「いや、これは決まりだから…」とインターン生らしい若者が、お腹《なか》に張りついている。隣部屋の先輩医師らしい人に「このあたりが○○○ですよネ！」なんて言うのが聞こえてくる。

翌日いちばんに麻酔《ますい》担当医がやってきて、麻酔の危険性などについて縷縷《るる》説明してきた。手術前の人を脅《おど》かさないで下さい！と思えるものだったが、家族の承諾《しょうだく》のサインをとり、運ばれてきた手術室はガランとしてうす暗い。リラックスのため微《かす》かに音楽が流れている。執刀医《しっとうい》がひとこと、

「音楽は、これで良いですか？」

俎板《まないた》の上でのおもてなし。「これはリクエストしないと失礼になるかな！」とも思ったが、昔、

歌謡曲嫌いの友人が「青い山脈」と「高校三年生」を聴くと気分が悪くなると言った言葉を思い出し、こんな時によくもまあふざけたことを思い出すもんだと呆《あき》れ黙っていると、「民謡もありますよ！」と言ってきた。

「いや、民謡はチョット……」と言うつもりが「いや！もうなんでも良いです」と言ってしまい、しばらくすると毒にも薬にもならないような音楽が流れてきた。

医師は、おもむろに「私は今氷を持っています。これから、これをフクハラさんの脚にくっつけるので、この氷が冷たくなくなったら言って下さい！　ここはどうですか？　ハイこの辺は？」

「はい！　もう冷たくありません……」

医師が「よし！　切るぞ！」と言わなかったが、私はそう感じていた。

あとは足元がカサコソと静かな音が聞こえるだけ。施術は終了！　脚には楔《くさび》のような金具が三本捩《ね》じ込まれ、今では歩けるようにまでなった。ひと安心！

うれしさも何も骨身に沁《し》みています。

第63話　酒飲み讃談

私の父は自身が下戸《げこ》（酒の呑《の》めない人）であることから酒呑みを見下《みくだ》して、あいつはバカな奴《やつ》だといつも言っていた。

我《わ》が家に出入りする人たちの中には酒上戸《じょうご》の人もあり、父はその人たちとはウヮービビレー（外交辞令）のように見えた。しかしただひとり、親戚《しんせき》の朝直おじさんだけは、父の言動は慎むべきだと私に忠言してきた。

「お前の親父《おやじ》は人格者かも知れないが、こんな旨《うま》い酒が呑めないなんて、カタヒチムン（男失格）」と言いはり、それは誠に合点のゆく切言《せつげん》だった。

以来、私は下戸のことが欠陥《けっかん》人間のように思えて、そうはなるまいと酒を呑むトレーニングを始めた。

夏の冷たいビールは旨い飲料水だと感じたが、酒、ウイスキーの類《たぐい》は不味《まず》いだけなら良いが、呑むと寒気《さむけ》、頭痛、吐き気が、いちどにやってくる。こりゃダメだと飲酒を諦めかけたが、そのうちからだに馴染《なじ》んでくれれば、ほろ酔い気分になるぞ!と周りに賺《すか》され、ふたたび挑戦すれば前よりはるかに強い悪寒《おかん》に襲《おそ》われ失神状態《しっしんじょうたい》。誰かが側《そば》で「イエー!

クレーシジョーシガ！」（おい！　こいつ死んでるぞ）と言いやがる。

ちゃんと聞こえてはいるが「俺、生きとる！」と言う力が無いだけだった。

以来、呑めなきゃ下戸のままで良い！と思いつつ、それでも酒宴の場にいることが多く、盛り上がれば悪態をつく奴、雑言《ぞうごん》を浴びせてくる奴。とどめの一言！

「アンタは人に酒を呑ませて、自分は素面《しらふ》でいつも人を見下している」と来たので、私も事情を話して巻き返しをはかったが敵は聞く耳もたず…。

日本の古いことわざに「下戸に蔵《くら》なし」がある。酒も呑めない奴が蔵など建《た》つ訳がない。つまり金儲《もう》けなど出来ない！と確言する。はじめ飲んだくれのタワゴトのようにも思ったが理にかなった名言だった。

ぐるり周りを見渡しただけでも、仕事の出来る人はほとんどが呑める人ばかりだ。

言い訳するつもりではないが「俺がもし酒でも呑めてたら、今ごろデッカイビルの社長になっていたぞ！」とくりかえし言った豪語《ごうご》虚《むな》しく、美酒《びしゅ》知《し》らずカタヒチムンのまんま馬《ば》齢《れい》を重ねてしまった。

〝酒は憂《うれ》えの玉箒《ほうき》〟。体験してみたかったことです。

第64話　紙

中国でトイレットペーパーのことを手紙と書くのは、手で紙を持つからこの文字なのだろうか！

その紙を日本では「ちり紙」、もっと昔のことばで「落《おと》し紙」「清《きよ》め紙」「不浄紙《ふじょうかみ》」と呼び、時に縁起《えんぎ》ものとして大事にされます。江戸時代の「とみくじ」、今の宝くじ、その富札《とみふだ》を大切に不浄紙に包んで神棚に供《そな》えると当たる確率が高いとされていた。

この不浄紙の琉球国での事情は良く分かりませんが、私たちが子供の頃、高価なちり紙など見たこともありません。その頃のトイレットペーパーの代用は、ゆうな木の葉っぱと竹ひごでした。

それから、あっ！という間に戦後の豊かな暮らしとなり、木の葉っぱからいきなりちり紙を使う身分になりました。それだけではなく、ティッシュペーパーやタオルペーパーも使い放題、贅《ぜい》のかぎりを尽《つ》くしています。

本屋さんに並んでいる沢山《たくさん》の本、毎日届けられる新聞紙、紙オムツ、トイレットペーパーから紙幣にいたるまで、すべて紙。私たち人類は、いつ頃から紙を使いはじめたのか知りたくなり、調べてもらいました。

紙は中国で発明され十二世紀ごろヨーロッパに伝わり広まったようです。しかし、日本にはヨーロッパに伝わる五百年も前、七世紀ごろ中国から伝わったそうです。

そのために日本では世界に冠たる日本特有の手漉《てす》き和紙と呼ばれる上質の紙が完成するわけです。

ですから紙の種類も日本の和紙とヨーロッパの洋紙とに二分されます。今印刷されている本という本は、すべて洋紙です。

その洋紙もまた「酸性紙」と「中性紙」の二通りあり、酸性紙の寿命が約百年、中性紙が四百年くらいまで持ち、これに較《くら》べて和紙の寿命はとても永いんです。千年くらいではビクともしないようです。

和紙の名前もいっぱいあります。一、檀紙《だんし》、一、奉書紙《ほうしょがみ》、一、杉原紙《すぎはらかみ》、一、美濃紙《みのかみ》、一、吉野紙など。沖縄でも芭蕉紙や月桃紙が漉かれています。

和紙の原料はコウゾ、ミツマタ、ガンピなど。一万円札は三椏《みつまた》という木だそうです。

「よし、三椏を屋敷内にいっぱい植えてやる！」（誰だ！　そんなダイレクトな発想する奴は…。）

第65話　やって来たアメリカーたち

はじめて白人を見たのは太平洋戦争で米軍が沖縄上陸した時だった。

米兵は皆ヒョロ長く、気味悪い人間がいるものだと思った。米兵も私たちを見て、むさ苦しいオキナワン先住民を気色悪く思ったにちがいない。

上陸前、米兵は残酷無慈悲《ざんこくむじひ》、鬼畜《きちく》と聞いていたので、此奴《こいつ》らに何をされるかと、いつもビクビクしていた。

その頃の教官の訓示！

米兵は日本人と較《くら》べて脚《あし》がとても弱い。眼《め》も悪く夜、暗がりではほとんど見えていないため、時刻を見はからって竹槍《たけやり》で刺し殺せ！　というものだった。

私たち少年隊は、天皇の御名《みな》のもとに、いかなる命令にも従わねばなりません。アメリカ兵めがけて切り込みを実行していれば、当然カービン銃の餌食《えじき》。かりに、米兵の捕虜にでもなれば、全員腹這《はらば》いにさせ戦車で轢《ひ》き殺される。そのような恥をさらす死に方は許さん。その前に自決しろ！　位《くらい》の高い兵隊さんから命令されていた。

年長者で選ばれた人には手榴弾《てりゅうだん》を配られ、四～五人かたまれば立派な最期《さいご》を遂げられる。少なくとも戦車よりもマシと全員がそう思っていた。幸運にも捕虜となり皆命拾いした。

収容所近くでは米兵がガムやチョコレートを子供らに与えている。あげる前に必ず次のことばを言わせます。言ったら菓子がもらえる。

「トージョー、カクサク！」。子供らがそれを言うたびに米兵は膝を叩《たた》いて大喜びする。「東条のクソッタレ！」という意味らしい。「ヒロヒト、カクサク」もあった。ヒロヒトは昭和天皇の御名ですネ！　その頃私たちがアメリカーに驚いたこと、野戦食（シーレイション）の美味。泥水を汲《く》み上げ清水、飲み水にする技術！　米兵の道造りの速さ！　ブルドーザー一台、作業人一人。

戦時下の屋良飛行場（現カデナ飛行場）の滑走路造りは、私たち国民学校生徒総動員、モッコ二人一組で砂利を運ぶ。のべ百人くらいだと記憶している。コッチの百人よりアッチの一人の方が効率がよいのは子供が見ても判《わか》る。圧倒的な物量の差、日本が勝てるわけない！　捕虜収容所のみんながそう思っていた。

第66話　カデカルというたびと

沖縄民謡の歌者《うたさー》の中で声の抜けの悪い人のことを「クィーヌ、ワックィトーン」（声がばらけている）と言い、逆にツンと抜ける声は「シンタチャーグィー」（芯《しん》の立った声）として大衆的な評価は高いが、通人《つうじん》からの採点は低く疎《うと》んじられることもある。玄人《くろうと》好みは、抜けるより「クィーヌフルドーン」（声が古い練《ね》られた古酒のような）味わいとして格付《かくづ》けされる。

民謡のうたびとカデカルとは、言わずもがな「嘉手苅林昌《りんしょう》」のこと。うたは一般的に涼しい声を上《じょう》とするが、その涼しさとはほど遠いカデカルの声は、悪声で声が抜けず滑舌《かつぜつ》も悪い。ただひとつ体から滲《にじ》み出るフィーリング、節入《ふしい》り、声の古み、声力《くぃーぢから》に加えて豪快な裏吟《うらじん》に至るまですべてが別格！　比較できる歌者がいないのです。

日本の能、狂言ではあまり口を開けず、腹の底にズシン！とくる声を目指すが、その声こそまさにカデカルの声！　声に芯が無いことから一般受けはせず、ただ腕の立つ歌者たちは皆畏敬《いけい》の念を抱いた。

カデカルより少し年長の歌者、前川朝昭氏曰《いわ》く「カデカルと肩を並べてレコーディングする奴は馬鹿《ばか》だ。自分とカデカルとの歌の差に気づかない愚《おろ》かものだ」と言った。

日本コロムビア社のレコーディングチーフミキサーのことばを思い出す。

「日本で怖い歌手が二人います」

「それは、どなたで…」

「嘉手苅林昌と美空ひばりです」

「どうしてでしょう」

「この二人はテイクツーが無いんです」

つまり、一度しか歌わないので、録音のミスが赦《ゆる》されない。それが怖くてテープレコーダーを同時に二台回します。失敗でもしたら一大事。この二人の収録は緊張して、いつも足下《あしもと》に火の点《つ》いた気分で録《と》った、と洩《も》らしていた。

晩年のカデカルは同じく大正九年生まれの同期、中根盛治氏といつも一緒だった。中根は山内中学の名物校長。退官して文人新川明を相手に囲碁三昧《ざんまい》の日々。かつて、中根とカデカルは小学校では二人机を並べて座っていたらしい。

その頃のことをカデカルが「ありが百点取《とう》いねー、我《わ》んにん百点やたん」。二人そろって百点取るんです。良い話ですネ!

第67話　ザ・バンドマン

バンドマン（楽団員）がもてはやされた一九六四年ごろ、中部のコザではダンスクラブが成立した。店も百人収容できる大ホールから十人がやっとの店とさまざま！ どの店もフロアとバンドステージがあり「生演奏《なま》で踊れる！」が売りだった。大方の店が繁盛したためバンドマンが不足、引き抜き合戦になり、楽師たちは皆悠然《ゆうぜん》としていた。夜間の仕事のため、昼は寝て夕刻《ゆうがた》目覚め、皆蒼白《あおじろ》い顔にチュラスガイして仕事に出掛けた。

バンド編成も多彩。十名、五名、三名、ギターとドラムふたりぽっちのバンドまで現れた。人手不足のあまり楽器など触ったことのない人までステージに上げられた理由《わけ》は、クラブ側と契約上の頭数《あたまかず》合わせのせいだった。

譜面の読めない人、ベースの弦が二本（本来四本）しかついていないベース奏者、この人は弾き真似《まね》で音は出していない。なかにはマウスピースのついていないサックスフォーンを咥《くわ》えている人もいる。マウスピースが無いということは音が出ないということ。この奏者、演奏が始まると、やおら立ち上がりサックスに唇《くちびる》を添《そ》え、横に立つ奏者と同じくからだをゆすっているだけでギャラを貰《もら》っていた。

多忙なバンドマンは私たちの琉球民謡の録音にも参加してくれた。彼らは忙しいばかりでなく、レコーディングが昼であるのが大変だったが（昼は睡眠時間）、それでも皆快《こころよ》く私たちの希望に応じてくれた。

ある日、新聞社主催の音楽祭当日、私たちは六人編成のバンドで出演、本番前のリハーサルを始めようとした。いきなりベース奏者が「ボク、譜面に少し弱いんです」と言う。つかつかと私のところへ来て、あろうことか「このフメンの下にドレミファを書き入れてほしい！」と言うのだった。前代未聞《ぜんだいみもん》。しかし本番前。一刻《いっこく》を争《あらそ》う。言われるままに、すべてのお玉杓子《たまじゃくし》にドレミを振った。大喜びのベース奏者、楽器を抱《かか》えて一言！

「ドはどこですか？」

「……」

つまりベースのどこを押さえればドの音が出るのかと訊《き》いている。私は腹を立てる勢《いきお》いを失《な》くしていた。このバンドマン、件《くだん》の立っているだけのプレイヤーだった。

譜面に弱いのは少しではなかった。結局本番はベース抜き。かなり情けないサウンドではあったが、思い出の本番。終生《しゅうせい》忘れることはないんです。

第68話　テルペン

テルペン浴《よく》したら？　と言うものだから、何のことですか！と質《ただ》すと、森の中の樹木《じゅもく》から発しているテルペンという物質が人をリラックスさせるので、それを森林浴とかテルペン浴という！

で、そのテルペンて奴《やつ》は？

植物が自己防衛のために持つ天然有機物《ゆうきぶつ》のことで、家の中の木で出来た床や壁などにはテルペンが含まれて虫やダニを寄せつけません。日本にある千年前の建物の桧《ひのき》材に平成の今、鉋《かんな》をかければ、とじ込められていたテルペンの香りがフッ！と出てきて、人の記憶の中の遺伝子がキャッチ、心身心地良い、となるのです。

人間、都市に住む前は森の中の暮らしです。都市になって二百年くらい経《た》ちますが、森の中の暮らしは五百万年だそうです。長い年月で、からだの遺伝子がテルペンの香りをちゃんと憶《おぼ》えていて、自然界にある薄い濃度《のうど》の香りであれば、からだはいつでもリラックスできるシクミらしい。

人の嗅覚《きゅうかく》は物理的には、どんな匂いも受けつけますが、からだの中に潜《ひそ》む五百万年の記憶が、人工的な強い香りを拒否《きょひ》します。沖縄でも自然界の花の香りを「カバサン」ともてはやし、たまたますれちがった人の香水が強烈なとき「ブチクンナユン」（失神する）と表します。

不意な出来ごとに人のからだは驚愕《びっくり》いたします。香りもやはり「徐徐《じょじょ》」でなければいけません。その香りがいかにスローで来たとしても強過ぎるとイケマセン！　またその強い香りの方《かた》が部屋にでも入って来られると、その残り香《が》もまたブチクンの因《もと》となります。

もしそのような被害を受けられたら、「森へ避難《ひなん》してください。直《す》ぐに快復《かいふく》いたします」

「でも近くに森がないんです」「ぜひ探してみて下さい。どこかにあります」。

ある男が、沖縄こどもの国周辺にひっそり静まりかえった森があるので、一人ぽっちで森林浴をしたはよいが、誰が通報したのか警察官がやってきて不審者《ふしんしゃ》呼ばわりされた。

森林浴が犯罪でないことを知らしめるためにも、より多くの人がテルペン浴をやると良いな！　といつも思うんです。

第69話　のどみっつ

歌声が音痴《おんち》のことを「フィジャイヌーディー」と言います。つまりそれは左喉《フィジャイヌーディー》のことで、倭口《やまとぐち》で頭の回転の鈍《にぶ》い人や少し知能が劣《おと》る人のことを「左巻き」と言い、商売などが巧《うま》くゆかないことを「左前」と言うように、左といえば即!良くない状態のことです。

その左喉《ひだりのど》とは、からだの中心の正しい場所から発した声ではなく、左側の喉《のど》から出した声のため嫌なひびきがすると考えています。

〝のど〟とは中心の正しい喉と、音痴を発する左喉と、いまひとつ右側にも喉があります。飲食物を呑《の》み込んで咽《む》せたりするのは「ユクヌーディー」(横喉)へ入ったからです。

その第三の「横喉」という呼び方が物理的に正しいと思えるのは、人間の胃と気管との分《ぶん》岐点《きてん》で、呑み込んだ飲食物が食道に入らずその横にある気道《きどう》に入ってしまったという現象で、紛《まぎ》れもなくユクヌーディーなのです。

その気道に細菌が侵入《しんにゅう》してしまい「誤嚥性肺炎《ごえんせいはいえん》」という厄介な病気になるということが今話題になっています。いまや日本人の病死亡原因の第三位(厚生労働省調べ)だそうです。

しかも、その発症の九六パーセントが七十五歳以上の高齢者。老人は抵抗力も低く喉の筋力《きんりょく》の衰えもあり、夜寝ている時にさえ、口の中で繁殖《はんしょく》した細菌《さいきん》を誤嚥《ごえん》しているというのです。ついコナイダのテレビでも五十代の有名歌舞伎役者の写真を掲《あ》げて、この人も、この誤嚥で死亡しましたとキャスターがしっかり伝えていました。

死につながるほどの誤嚥の予防は

一、寝る前の歯みがき

一、ドライマウスを避けるために水をたくさん呑む

一、喉を鍛える運動（呼吸器科医師の指示を仰ぐ）

喉の筋力の衰えを知る自己テストがあります。三十秒間にツバ呑み込みを四回出来れば合格だという。若くないと感じたら、あなたも是非お試しください。

お年寄りは若い人よりもなお一層《いっそう》健《すこ》やかな人生を願っているので、そのような私たちに「おじいちゃん、もっと生きるつもり？」と言って欲しくないんです。お年寄りだからこそ、命を可惜《あたら》さしているわけですから…。

第70話　ひととなり

「外見で人を判断しないのは愚か者だ」と言った人はオスカー・ワイルドです。沖縄では逆に「上辺美《うわびちゅ》らあが内根性《うちくんじょう》」と言うのは、見た目は立派で中身がアカンということわざです。

人間は初めてお会いする人のことを、先《ま》ずその人の人格を怪《あや》しむことからはじめます。イギリス人は「此奴《こいつ》は如何《いか》なる人間であるか?」、フランス人は「此奴はどんな資格をもっているか?」、ドイツ人は「この男いったい何が出来るのか?」、日本人は「此奴どこの大学出か?」。その国の人は誰でも、そう思うわけではないが、ありそうなハナシでもある。人間とのオツキアイが苦手な人に対しては「袖振《そでふ》り合《あ》うも多生《たしょう》の縁《えん》」という、縁があって知り合えたのだから仲良くしようよ!というわけです。

腹の中で何を考えているか判《わか》らん人それぞれのことを「十人十腹《じゅうにんとばら》」、考えなど皆似たりよったりさ!は「人の心は九分十分《くぶじゅうぶ》」、人間てまんざら捨てたもんじゃないぞ!という教えに「馬には乗ってみよ人には添《そ》うてみよ」と言われても、近くに馬が居なくては実感できません。

フランスの画家ポール・ゴーギャンも

〝吾《われ》ら何処《いずこ》から来たるや
吾らは何者なりや
吾ら何処に行くや〟

と人間を不可思議に感じています。

そして昔の人は人間をヨーク観察しています。

「**人間は欲に手足の付いた物ぞかし**」井原西鶴

「**人間は煎《せん》じつめれば消化器と生殖器から成りたっている**」グルモン

「たかだか人間一生、二万日」とは「人生五十年」であったころのハナシ。二万日を歳《とし》に換算すれば、五十五才です。「**人生七十古来希《まれ》なり**」と詠んだのは中国の詩人、杜甫《とほ》。もひとり人間と関わるのは煩《わずら》わしくてイヤ!と言ったのは薩摩藩士の八田知紀《はったとものり》。「**思わざる見ざる聞かざる言わざるも関わらざるに勝《まさ》るざるらん**」。なんとも自儘《じまま》な方です。

我が琉球の民はうんとシンプルです。

「触合《ふぃら》れえ同《ゐ》ぬっ人《ちゅ》」（お付き合いすればみんな同じ）

第71話　あゝ肝《ちむ》心《ぐくる》

ウチナーグチの「チムグクル」のことを平安時代の倭《やまと》では「肝心《きもごころ》」と「心肝《こころぎも》」とふたつのことばがあるようです。心肝の意は、魂とか心の中のことで、辞書には「心」とはココルが語源で転じて人間の内臓のこととなり、さらに精神や気力の意になったと記されている。

琉球では、古くから「肝《ちむ》」を心としているため、この肝を糧《かて》として安心、不安、畏《おそ》れ、憂い、喜びにいたるまで、あらゆる感情をこの肝で表します。

私が聞いているかぎりの肝を書いておきます。まだ、あるかも知れません。

肝淋《さび》さん（気が晴れない）　肝病《や》むん（悔いが残る、心砕く）
肝だくだく（虫のしらせ、予感）　肝むち（心意気）
真肝《まじむ》（本気、真剣）　肝しからーさん（寂しい、心細い）
肝ぬ忍《しぬ》ばらん（やむにやまれず）　肝どぅまんぐぃ（慌てる、うろたえる）
肝わさわさ（むな騒ぎ、ときめき）　肝とぅめーゆん（心のよりどころを求めて）
肝がなさん（いとおしい）　肝ぬ思《うむ》い（思いすごし）
肝苦《ぐ》りさん（氣の毒、不憫《ふびん》な）　肝坐《ゐ》してぃ（心鎮めて、胆据《きもすわ》る）

肝さーさー（じっとしていられない）　肝慰《なぐさ》み（心ほぐれる、癒《い》やされる）

肝うらーきゆん（心潤《うるお》す、安心する）　肝変《が》わい（心変わり）

肝広さん（度量が大きい）　肝ぐうさん（気が小さい、小胆）

肝やんでぃ（拗《ひね》くれる）　肝ふじゅん（満足、納得する）

肝あしがち（気が焦る、気ぜわしい）　やな肝《じむ》そーじーん（自棄《やけ》っぱち）

肝ぐちかみらってぃ（胃ケイレン）　肝ぬぬび（心のゆとり）

肝いふーなー（とり憑《つ》かれたような…）　肝がかい（気がかり）

肝すがりゆん（爽やか、涼やか）　肝どんどん（どきどき、わくわく）

第72話　サカナヘン

正しくは魚偏《うおへん》と読むらしいが、それはさておき落語に「目黒のサンマ」がある。殿様が目黒へ出かけた折、農家が焼くサンマのにおいが殿様の食欲をそそり、その場で殿が御所望《ごしょもう》、食したサンマの味が忘れられず、城内でも食膳《しょくぜん》に出すよう命ぜられた調理係が蒸して脂肪抜《しぼ》きのサンマを供し、殿が「これは誠にサンマか！　いずかたより仕入れた！なに魚河岸《うおがし》？　サンマは目黒にかぎる！」というくだり。その不味《まず》さは、脂を抜いたからであり、哀れ殿様の脂抜きは、殿の健康を気づかってのこと。

御膳《ごぜん》は川魚が多く、とりわけ「鱚《きす》」は淡泊《たんぱく》に加えて魚へんに喜ぶの文字が縁起が良いとした。「鯛《たい》」も同じく「めでたい」の語呂《ごろ》を重んじ、よく調理されたらしい。

青ざかなは青いから「鯖《さば》」。「鯖の生き腐れ」とは、すぐに傷《いた》む魚だからです。見た目は良くても中がイケマセン！の意でもある。「腐っても鯛《たい》」は、すぐれた価値のあるものは、落ちぶれてもそれなりの値打ちがある、という意です。うなぎは魚ではない！と思いきや、ウナギ科の魚なので「鰻《うなぎ》」と書く。アワビも貝でありながら「鮑《あわび》」。

爬虫類《はちゅうるい》にも魚へんがいる。「鰐《わに》」だ。オイ！ワニも魚かよ！　魚へんに咢《がく》なんて、いったいなにごとかと調べた。ワニが口を咢咢《がくがく》と噛《か》み合わせるからと書かれている。ユクシみたいなハナシだ。それから「鯣《するめ》」だって魚とは思えない。あれは確実にイカです。「鰯《いわし》」は水揚げするとすぐに死ぬため、その名は「弱し」の訛《なま》りだという。「鯔《ぼら》」魚は卵からかえった時を稚魚《ちぎょ》と呼び、少し経《た》って幼魚《ようぎょ》、大きくなれば成魚《せいぎょ》という。であれば、オボコ→スバシリ→イナ→トドと変化する。最後のトドは、行きつくところ「トドのつまり」の語源だそうな。

美味《おい》しい魚は、きっと魚へんに旨《うま》いと書くに違いないと思って調べてみた。あった！「鮨《すし》」だった。

立派な魚でありながら魚へんを授《さず》かっていない魚は「目高《めだか》」「遍羅《べら》」「皮剥《かわはぎ》」、大きな目の「目張《めばる》」、ふっくらの「河豚《ふぐ》」。「カワブタ」なんて名が気の毒だ。魚へんに飛ぶで「鮴《とびうお》」と読ますのだから、いっそのことフグも魚へんに毒と書けば、すごく判《わか》り良いんだけど…なんて言うと叱られますかネ！

第73話　年の夜

明日は一月一日ですから今日は年の夜です。正月が来て、いつもギクッ！とするのは、お年玉の出費がかさむからです。その孫たちもやっと成人となり、やれやれと思ったら、すぐにひ孫がやって来た。もの入り再来《さいらい》！

「おい！　お年玉って、昔はお餅《もち》だったらしいぞ！」

昔、正月になると、霊力《れいりょく》を更新《こうしん》するために神様にお餅を供えていたものが、やがて大人が子供に与える餅となり、それを年玉と呼ぶことで、やがて餅から金銭に変わったらしい。

「そりゃイカンなことだった…」

「で、年の夜って？」

「大晦日《おおみそか》のことだ」

「オオミソカって？」

三十日《みそか》は月の最後の日。大晦日は一年の最後の日。

年の夜は年をとるために年越しそばを食べる行事です。大晦日の夕食が一年中で最も重要な食事となり「年越しそばは他所《よそ》で食うな！」という訓《おしえ》は年越しを共にしない奴《やつ》はダメ人間として扱《あつか》われた。一家全員揃《そろ》って行動することが、新しい生命力を身につけるための行事だったわけですネ!

そのころの一日の始まりは朝ではなく夕方なので、新年の大晦日も夕方から元日の始まりです。一年の境目《さかいめ》が重要であることは、百八の煩悩《ぼんのう》を払うための除夜の鐘にも現れます。百七回を旧年中に撞《つ》き、残りの一回を新年に撞くという決まりもあるんです。

子供のころの正月の思い出といえば、「正月断髪《そーぐゎちだんぱち》」と「正月足駄《あしじゃ》」と、国民学校で〝年のハージメーノー、ターメシートテー〟をうたったくらいで、あまり覚えていないんです。

「松の内ですか?」聞いたことないんです。

「大正月は?」知りません!

「小正月は?」なに! 正月にサイズがあるんですか?

新年のご挨拶《あいさつ》も学校ではチャント、明けましておめでとうございます。家に帰ったら、「若年取《わかどうしとう》みそーちー」と言わねばなりません。子供たちは元旦も、二言語共同体の中にいましたヨ! 若い年をとれ!と言われても、若水なら判《わか》りますが、若い年が本当にあるものなら、是非《ぜひ》とってみたいですネ!

第74話　あゝ運の人

（人生って何ですか？）

「大きく出たところで譬《たと》えば…」

（人、生まれ乍《なが》らにして富貴人《ウェーキンチュ》と貧賤者《ヒンスームン》がいるのはなぜ？）

「その人の運です」

（富《とみ》や地位を獲得《かくとく》した人は血の出るような努力の結果ではないか！）

「いいえ！　運です」

（運って何ですか？）

「成りゆきです」

（人生運だけなら人は何もしなくても良いことになり、全く身も蓋《ふた》もないハナシだ）

「いや！　運の良い人はホッといても努力するんです」

（努力も運のうちということか！）

「その通りです！　運命とは身の上にふりかかる良いこと悪いことすべて天命《てんめい》に支配されてはいるが、本人の英知《えいち》と努力で修正《しゅうせい》できるものという。ただし、その人に宿《やど》っている宿《しゅく》命《めい》というものは前世《ぜんせ》から定められていて、いかなる努力をもってしても変えることはできない」

命運とは天に託《たく》すものであり、たとえば一つの事業を興《おこ》す時の心がまえも〝人事を尽《つ》くして天命を待つ〟という。しかし勝負は時運に乗ってうまくゆけば社運は隆盛《りゅうせい》に向かうが、転《こ》けるとそれで終わりとなる。それが国単位となるともっと大変！　その国の一番偉い人が勝ち運に見放されていれば国運が傾《かたむ》き、国中の人がひどい目に遭《あ》うことになる。

自分の生《お》い先《さき》を案じる人は稀《まれ》に運勢判断の占い師を訪ねる。相談に来た人に占い師は八対二くらいの比率《ひりつ》で、八割を「吉《きち》」として伝え、残りの二割を「凶《きょう》」として注意を促《うなが》す。その八〇パーセントを前途洋洋《ぜんとようよう》と伝えるわけだから皆安心ほっ！とする。

この占い師、行列こそ出来ないが、「アリガムノー、アタインドー」（あの占い師当たるぞ）と巷《ちまた》の大評判となり、大予言者となったが、いまひとりの占い師は依頼人の吉凶を五対五の比で伝えたのが拙《まず》かった。

「要注意の年です」「人間関係にトラブルあります」

相談に来たというより脅《おど》かされに来た感じで、皆怖がって相談者が一人も来なくなっちゃった。〝占い師身の上知らず〟の言葉通り、この人相当運の悪い人だったのかも知れません。

第75話　カコー

「カコー」ということばを知っていましたか?　もう死語です。古くは「襁褓《きょうほう》」または「むつき」という難しい名です。もし、このカコーをご存じならウチナーグチの達人か、相当お年寄りか、いずれかです。

赤児《あかご》の「オムツ」のことです。長年疑問だったのは、オムツを何故カコーと呼ぶ!でしたが、理由《わけ》が半藤一利著『歴史のくずかご』の中にありました。

要約《ようやく》すると次の通り。女房どののことを「カカア」と呼ぶことを腑《ふ》に落ちず、その語源を探し求め、ついに万葉集の山上憶良《やまのうえのおくら》にたどりついた。長歌の中に「可可不《かかふ》」を見つけた。意味は「布《ぬの》の破れたるもの」とあり、ひき続き「絹布《けんぷ》の破れ千切《ちぎ》れたる」をカカアというのは千年も昔からの通称であった。それを着た日本のかあちゃんは、ろくな着物を着ていなかったということになる。

なるほど言われてみれば沖縄では雑巾《ぞうきん》のことも「カコー」と呼んでいた。オムツは粗末な布で二枚一対《いっつい》T字型にして使っていた。そのオムツの柄がみな違っているのは古着を繕《つくろ》ったものだからです。色とりどりのオムツは都度《つど》洗って干《ほ》せば万国旗のようです。

農繁期《のうはんき》の忙しい時には、親は学校帰りの私たちを今か今かと待ちかまえていて、一も二も無く赤児（弟）を背負わされます。私はそれがいやでいやで……。背負ったまま親の帰りを待つのだが、カコーからはオシッコが溢《あふ》れて私の背中はビショビショ。偶《たま》にはわじわじーしてチンクジで泣かせたものでした。

十一歳年若の弟も今年七十七歳。今なお息災にして時に私のご機嫌うかがいにやって来ます。「お前に小便かけられた！」。それを何年も言い続けてきた甲斐《かい》あって、ロートルにいろいろ気遣って、美味《うま》いものを運んで来てくれる。

また、手作りの野菜も一番に届けてくるんです。

七十七歳といえば立派な老人ですが、兄貴からみれば小便たれ、そのままに今でも健気《けなげ》に思っているのです。

本日は気になっていたカコーの語源にめぐり会い、それが千二百年前の万葉の中にあったことがうれしくて　雀《すずめ》が小躍りして喜ぶことを「欣喜雀躍《きんきじゃくやく》」といいます。今その雀の気持ちでいるんです。

年をとると些細《ささい》なことが、うれしくて……。

第76話　皮膚と肌

人様《ひとさま》にお初にお目にかかるとき真っ先に目に入るのは、その人の顔です。「はじめまして…」とすぐに足から見る人はいません。面《つら》の皮《かわ》、つまり皮膚にお目にかかるわけです。美人でよりきれいなほうが相手に好感を与えるはずです。

「皮膚」が、からだの表面を覆《おお》うものであり「肌」は他と接触《せっしょく》する部分です。肌のぬくもりを「人肌《ひとはだ》」と言い、「地肌《じはだ》」「素肌《すはだ》」は生まれたままの肌、白い肌の女は「雪肌の美女」、きめの細《こま》かいふっくらとしたのは「餅肌《もちはだ》」、女のやわらかな肌は「柔肌」ヤワハダ！　どこか惚《ほ》れ惚れするようなきれいなひびきです。逆にざらざらした肌を「鮫肌《さめはだ》」、これは腰がひけます。

肌はさまざまな表情をして、あか抜けした女を「渋皮《しぶかわ》のむけた女」と呼ぶなんて初耳です。渋皮ってなんだ！　垢《あか》抜けしない皮膚のことらしい。

皮膚も表情細やかです。寒さや恐怖感、興奮などの刺激によって皮膚の毛が立つことを「鳥肌《とりはだ》がたつ」。それは鳥の毛をむしりとったような皮膚にぶつぶつが生じる現象でキープリダーチャーのこと。お医者さんことばでは「立毛筋反射《りつもうきんはんしゃ》」と言います。

世のチュラカーギー（美女）もヤナカーギー（醜女《しこめ》）も皮膚一枚の差という川柳があります。

〝皮《かわ》一《ひと》重《え》剥《む》けば美人も髑髏《どくろ》かな〟

同じ内容で、この島では「**容貌《かあぎ》小《ぐゎー》や皮《かー》るやっさい肝心《ちむぐくる》第一《でーいち》**」（美女なんて面《つら》の皮だけよ、女は心がイチバン）とこれに節をつけてうたいます。美女をしゃれこうべにするか、肝にするかの違いです。

皮膚は複雑な機能をもつ器官ですから病気にもなります。皮膚科を訪ね「先生、ヰーゴーかいてる、診《み》てください」「ハイ！　老人性のヒフソーヨー症。くすり塗《ぬ》ればすぐ治《なお》る」「先生また痒《かゆ》いんです…」「塗りかたのマチガイ。一日二回きっちり塗りなさい」と叱られている。……で頑張っているわけです。

病院の待合室で見つけたチラシに、皮膚とは表面を覆《おお》っている表皮《ひょうひ》と、それを内側から支え補強《ほきょう》している真皮《しんぴ》の二層からできている。そのほか、皮膚の総面積とか、女性より男性の方が面《つら》の皮《かわ》が厚いともある。

「ハーヤー！」という感じです。

第77話　孝行息子

昔は貧しさのあまり口《くち》べらしのため生まれてくる児《こ》を殺した時代がありました。これを「間引《まび》き」という。どうしても間引きの出来ない親は「棄《す》て児《ご》」を行います。親が子を思う愛情の深さを示すことばに「棄てる児も軒《のき》の下」とあるのは、たとえ棄てる児でも雨露《あめつゆ》だけはしのげるようにと軒下に置くのです。

日本ではいつごろからでしょうか。庶民が生まれてくる児をちゃんと育ててゆける豊かな時代になったのは……。

すこやかに育つ子を親たちは「子に勝《まさ》る宝なし」と言い、この子はきっと親孝行な子になると信じている親御《おやご》さんの本心です。

夫婦をつなぎとめる子の役目として「子は鎹《かすがい》」がある（鎹は建築用語で木と木をつなぎとめる両端《りょうたん》のまがった大釘《おおくぎ》）。しかし生まれた子が皆、宝ものになるわけではなく、親が子のため苦労が絶えないことを「子は三界《さんがい》の首枷《くびかせ》」と言われる（首枷は罪人の首にはめて動けなくする刑具）。三界とは過去、現在、未来のこと。子供は三界にわたって親の自由を奪う存在だ！という意です。

大切に育てられた子は甘やかすと自儘《じまま》になり親に背《そむ》きます。特に男の子は要注意！イギリスの格言にも「子は幼《おさな》きにして母を吸い、長じて父をかじる」とあり。

幸い私共にかじるほどのものが無く、この格言は実感できませんが、長者の方にとっては骨身に沁《し》みることばかも知れません。

沖縄のことわざもなかなかです。「罰被《ばちか》んとうしがる男ん子《いきがぐゎ》あなする」（男の子を産むなんて、そりゃ天罰だ！）と言います。これにツジツマを合わせて「女ん子《ゐなぐぐゎ》ぬる親《うや》ぬ事《くとう》をすんどー」（年老いた親の面倒をみるのは結局、女の子ですよ！）という名言。いかにもという感じです。

これまでは継《つ》ぐほどの家督《かとく》の無い人までも、跡《あと》とりだの養子だのと騒いだのは昔の出来ごと！　それどころか、このごろでは、家の中のモノも少ない方が良い、ダンシャリとか言ってモノをバンナイ捨てているらしい。世のお父さん方も、今こそ捨てられない工夫をする時期が来たようです。がんばりませう！

第78話　夢

毎晩夢を見るんです。

若いころの夢は、いつも希望に満ちた夢、美しい風景、ゆるやかなこころ、空も自在に飛びまわり、高いところからスーッと落っこちたとたんに目が覚める。その落下時のフワッ！とした気分は人間が昔ヤモリだったころの名残《なごり》だそうな。

人がヤモリだったことも驚いたものですが、年をとると飛ぶなんてスピード感のある夢などまるでなく、愚図《ぐず》な夢ばかり見るんです。

オシッコでトイレが見当たらなくて探し回るとか、豪華ホテルに泊まったは良いがホテル代がなく、友人に助けを求め公衆電話の前でコインがなくうろたえているとか。夢ではケータイも出てこない。

高齢にして日々快適《かいてき》と言えるほどの暮らしでもないのだから、せめて夢くらい心地よいものを見たいと思っても、夜毎《よごと》ユーウツな夢ばかりでは気が滅入《めい》ってしまう。

フロイトという人の精神分析では「夢とは抑圧《よくあつ》されていた願望を充足させる働きをもつ」といい、もう一人の学者ユングという人は「夢は無意識からのメッセージであり、それまで〝知らなかった私〟を知らせてくれるのが夢。〝私の知っている私〟だけに頼らず、そのふたつと統合してはじめて心身の健康が得られ、夢は人間の全体性をとり戻すために重要な働きをする」

そんな、ややこしいことを言われても私には何の足しにもなりません。

その他「夢は五臓の患《わずら》い」とも言い、「夢は希望の幻影《げんえい》。意に介する勿《なか》れ」と軽く去《い》なしたのはカントという人。もひとり、ドイツの詩人ヘルマン・ヘッセは「絶えず続く夢はない。どんな夢でも新しい夢に代わる」。これは判《わか》り難い！

琉歌では夢は想《おも》いを伝える手段《しゅだん》です。

〝面影《うむかじ》のたたは　沙汰《さた》ゆそんともれ　夢《いみ》しげく見《み》らは　泣《な》ちょんともれ〟

（もしも、チラと私のこと思い出した時は、私があなたのことを考えている時です。私がもし、あなたの夢に現れたら、私が泣いている時です）

これも判り良い。

人が嬉《うれ》しい時「まるで夢のようだ」と言いますが、お年寄りの夢は、まるで現実のよう。夢までヒカラビルんです。

第79話　国歌

「君が代」が日本の国歌として正式に決まったのが一九九九年ですから、ついコナイダのことなんです。つまり国歌として決められてないうちから日本国民は「君が代」を国歌として歌っていたことになります。

戦時中、国民学校で祝祭日には先生も生徒も皆、威儀《いぎ》を正して「君が代」を斉唱《せいしょう》いたしました。戦後は、その君が代を歌うこともなく今や「相撲のうた」と思っている子もいるといいます。

調べてみると日本の国歌は始め一八六九年（明治二年）、イギリス人の軍楽隊長フェントンが作曲したが、曲調に威厳《いげん》を欠《か》くとして不採用。ひきつづき一八八〇年（明治十三年）、林広守《ひろもり》が作曲。これをドイツ人音楽教師エッケルトが編曲、学校儀式用唱歌として告示《こくじ》。事実上、国歌として扱《あつか》われはじめ、曲調も威厳に満ちた雅楽《ががく》風な旋律が国民にも親しまれ盛んに歌われたが、第二次世界大戦後の新憲法に即《そく》していないと論議されながら、これにかわる歌が無く、終戦後五十年も経《た》ってから、ようやく日本国憲法の下に、はじめて国歌として認定された、とあります。

いまひとつ、第二の国歌と言われた「海ゆかば」の曲は戦時中、国民の戦意高揚を目的として制定され、国民や兵士たちの間で熱狂的に歌われたが、戦争末期になると「戦死者」や「玉砕《ぎょくさい》」のニュースのテーマ音楽に使われ、悲しい弔《とむら》いのイメージが強く、歌われなくなった。

それにしては、この「海ゆかば」の作曲手法があまりにもすばらしく、このまま葬《ほうむ》り去るのが憐《あわ》れに思えてならないんです。

これを作曲した信時潔《のぶときよし》は、その詩を万葉集から抄出《しょうしゅつ》。作者、大伴家持《おおとものやかもち》といえば奈良時代、今から千二百年前の詩に作曲された。

たった十四小節の中に織り込まれたメロディーは慈悲深《じひぶか》く、何と雄大《ゆうだい》な旋律。世界中の国歌に、これほど美しい旋律はありません。あの戦時下に良くぞ第二の国歌と名指《なざ》したものです。

日本人が書いた、この一曲「海ゆかば」。音楽を生業《なりわい》とする方々にこそぜひ現状《げんじょう》を憂《うれ》えていただきたく、老生にとって「海ゆかば」の玉の連《つら》なりは、唯々《ただただ》、仰《あお》ぎ尊《たっと》ぶことしかできないのです。

第80話　尋常小学校修身書

ココニヰルセイトハ、センセイノヲシヘヲマモッタ、ヨイコドモデス。イマ、シウゲフショウショヲ、イタダイテヰマス。（ヲハリ）

カタカナばかりで読みづらいけど、これは昔の小学校児童用教科書「修身《しゅうしん》」の一部。「教え《ヲシヘ》」「終わ《ヲハ》り」「終業証書《シウゲフ》」と書くんですネ！　先生から生徒に証書を渡す挿絵《さしえ》があります。その頃は「読み書き算盤《そろばん》」と言い、学校ではカタカナ→ひらがな→漢字の順に習い覚えます。

「イキモノヲ、クルシメルナ」

タラウガジラウニ「ワタクシタチモ、ソトヘデラレナケレバ、クルシイデハナイカ」トイッテキカセタノデ、ジラウハ、ツバメヲダシテヤリマシタ。

太郎が次郎を諭《さと》している。家の中に迷いこんだ燕《つばめ》を二人の子が外に出している挿絵です。子供たちは読み難いカタカナを皆すらすらと読んでいました。

「チュウギ（忠義）」

キグチコヘイハ、テキノタマニアタリマシタガ、シンデモラッパヲ、クチカラハナシマセンデシタ。

ラッパ手、木口小平《きぐちこへい》は実在の人で日清《にっしん》戦争で歩兵二十一連隊の突撃中、左肺に敵弾が当たり戦死。国の命令に忠誠《ちゅうせい》を尽《つ》くすという訓《おしえ》です。死んでも口から喇叭《らっぱ》を離しません。


他にこの修身のモクロクには、「ヨクマナビヨクアソベ」「トモダチハタスケアヘ」「ケンクヮヲスルナ」「モノヲソマツニスルナ」「オヤノイヒツケヲ、マモレ」「アヤマチヲカクスナ」「ウソヲイフナ」「テンノウヘイカ」に至るまで教えのことばが満載《まんさい》です。

立派な人間になるための修身教育を受けた生徒は皆立派な人となり、どんどん高い教育を受け政治家になりました。政治家の中で一番偉い人がすぐに戦争を始めます。戦争では兵隊さんも民間の人も子供たちも沢山《たくさん》殺されました。国民が死んでゆくのは政治が良くないからです。「苛政猛虎《かせいもうこ》」とは、悪い政治は虎に喰《く》われるより怖い、という意です。

修身教育を身につけた偉い人たちのせいで死ぬなんてバカみたいだから修身教育など、何の意味もない！と言う人がいます。私も、「ソノトホリダナ！ト思ヒマシタ」。

第81話　色いろいろ

日本の俗諺に、あり得ない譬《たと》えとして
〝四角玉子《しかくたまご》と遊女《ゆうじょ》の誠《まこと》　あれば三十日《みそか》に月がでる〟

がある。四角い卵があれば持って来い！　嘘《うそ》をつかない女郎《じょろう》がいたらお目にかかりたい！

そんなのいるわけない。もしいたら、俺が新月《しんげつ》の夜に満月を出してやるぜ。

という一方、沖縄でのあり得ないハナシは、グッ！と現実的です。

「汝《いやー》が儲《もう》きゆうすらー、天《てぃん》から赤猫《あかまやー》ぬ落《う》てぃーさ」（お前がもし金持ちになれたら空から赤猫が降ってくるわい！）

猫が降ってくることもあり得ないが、赤い色の猫など見たことない。

ひと昔前、お年寄りの方にその赤猫のことを訊《き》いたとき、曰《いわ》く、赤は虎の毛の色に似て橙色《だいだい》に近い黄色だった。黄色を赤と言うんだ。その猫ならいます。

晴れた空は「青」、山々の色は「青紫《あおむらさき》」、琉球では「オオグルン（青黒）」。濃い青は「藍《あい》色《いろ》」、鮮やかな藍色を「紺青《こんじょう》」。その他に「群青《ぐんじょう》」。青いっぱいで、ややこしいんです。

同じ青でも血の気のない顔を「青白い」または「真っ青《さお》な」と表し、この島ではその顔、青ではなく「イルヌギトーン」、顔色が抜け落ちた！としたところが、言い得て妙、なんともすてきなことばです。

英語でもブルーは憂《ゆう》うつな気分のこと。灰色のグレーも同じく陰気《いんき》とか味気《あじけ》ないことに使うようです。

しかし江戸時代の人は、このグレー（鼠色《ねずみいろ》）をサイコーの色としています。

そのころ鮮やかな色彩をもつ上方文化《かみがたぶんか》に対し、江戸ではシンプルであることに価値《かち》をおき、とりわけ男性の着物は茶色と鼠色を粋《いき》な色として「四十八茶に百鼠《しじゅうはっちゃひゃくねずみ》」とは、四十八通りの茶色と百種類のネズミ色があるぞ！と明言《めいげん》し、その色識別《いろしきべつ》の細《こま》やかさに加えて、女のつやかな髪を「みどりの黒髪」と呼び、洗い髪に櫛《くし》があだっぽく、男は茶と鼠をまとうことで粋！

と言われても、その粋な色調が、この南の島ではくすんで見え、色が冴《さ》えないのです。逆に沖縄で印刷したゆかしい色のポスターも、東京で見ると色がにぎやかでどこかトンチンカンに見えてしまうのが不思議な現象です。

第82話　都々逸

「都々逸《どどいつ》」といえば馴染《なじ》みのうすいものとなったが、日本俗謡《ぞくよう》の筆頭で、男女の情愛をうたったものが多く、名人柳家三亀松《やなぎやみきまつ》のドドイツは色気たっぷりで聴く人を唸《うな》らせた。ドドイツは俗でいかん！と言われる人に逆《さか》らってサワリの部分だけでもメモしてみます。

〝親の意見と茄子の花は千に一つも仇がない〟

茄子の花には必ず実が生《な》るように、親の意見もなにひとつ無駄がない。

これがドドイツでは

〝意見聞くときゃ　頭を下《さ》げな　下げりゃ意見が　上を越《こ》す〟

ドドイツでは女も粋です。惚れるとなると

〝信州信濃《しなの》の新蕎麦《しんそば》よりも　わたしゃあなたの　そばがよい〟

酒ばっかり食らって、あんな奴のどこに惚《ほ》れたんだろうネ！

〝あの人のどこが良いかと尋ねる人に　どこが悪いと問い返す〟

周《まわ》りの意見を振《ふ》り払い無事夫婦《めおと》になったお二人《ふたり》、あつあつの暮らしが始まり……。

〝**あついあついと　言われた仲も　三月《みつき》せぬ間に　秋が来る**〟

冷たい旦那に泣かない女房。

〝**恋に焦がれて　鳴く蝉《せみ》よりも　鳴かぬ蛍が　身を焦《こ》がす**〟

夫婦に、めおと喧嘩《げんか》はつきもの「これ黒だよネ！」「いや、白です」「黒じゃろが！」「イヤ、チガイマス！」

〝**白だ黒だと喧嘩はおよし　白という字も　墨《すみ》で書く**〟

「そりゃ勝手すぎる。無理なものは無理」

〝**我儘気儘《わがままきまま》と言わしゃんすけど　わがまま言ふ人ほかにない**〟

めおと諍《いさか》いは、すぐに仲直りする。他人が仲裁《ちゅうさい》に入るなど馬鹿なことなんです。

だから、犬も食わないんです。

〝**喧嘩したとき　この子をごらん　仲の良いとき　出来た子じゃ**〟

「あなたが今度浮気したら私自分の舌《した》噛《か》み切って死んでやるから…」

〝**お前死んでも　寺へはやらぬ　焼いて粉《こ》にして　酒で呑《の》む**〟

「骨まで愛しているんでしょうか？」

「いや！　積年《せきねん》の恨みをはらす心意気なんです」

第83話　サシンアガイ

「写真上《さしんあ》がい」とは写真写《うつ》りの良いことです。

一昔前は写真を撮《と》ってもらうため町の写真館に出掛けました。お金持ちの人は年に一度撮り、貧しい人は生涯に一度撮る。いや、一度も撮れない人もいました。

その頃、撮影のことを「写真抜《さしんぬ》じゅん」と言って、何度も撮ると魂《たましい》を抜きとられるとして頻繁《ひんぱん》には撮りません。また三人で写ることも禁忌《きんき》のためやりません。どうしても三人しか居ない場合は人形を加えて四人にして写す。写真の出来上がりは二～三週間ほど、その仕上がりを、とても待ち遠しく思ったものです。

仕上がりの写真を見た友人「イヤーヤ、サシンアガイソーン」（お前が一番写真写りが良い）と言われ、周《まわ》りからもカッコイイなどと褒《ほ》められるので当人も少し自惚《うぬぼ》れたりしていました。

その頃の写真技師は、写真の人がきれいに見えるようにネガに鉛筆で修正《しゅうせい》します。黒い顔は白めに、頬《ほほ》の痩《こ》けた人はふっくらと、鼻ビラー（鼻が低めの方）にはフィルムの眉間《みけん》から鼻先に一本線を入れるだけでスッ！と鼻すじの通った顔になるというテクニック。修正上手が名カメラマンです。

写真館のショーウィンドウには沢山《たくさん》の記念写真が飾られていて、「あの子可愛《かわい》い！」「あんまりキレイだから倭人《やまとんちゅ》かと思った」などと言うものだから、ここで撮れば誰でもすごくきれいに写りますとも言っていた。その言葉につられて、この写真館、とても繁盛《はんじょう》していました。

この写真上《さしんあ》がいの「上《あ》がる」とは、悪いから良いにワンランクup《アップ》したことでもあるが、同じ上がるでも「先生上《しんしいあ》がり《い》」「巡査上がり」「校長上がり」と言えばupではなく元の職業を表します。一見、普通の人に見えていても「あの人は元学校の校長先生ですよ！」と言われ、高い地位の役職であったことに皆、敬意《けいい》を払います。

この「上がり」という語には「出来上がり」「仕事上がり」「風呂上がり」「のぼせ上がる」等ありますが、なかでも「男っぷりが上がる」が「サシンアガイ」に近い言葉かも知れません。

それにしても今やデジカメ、スマホ時代、撮れば即カクニンできる。サシンアガイの必要もなくなったみたいです。

第84話　男様様《おとこさまさま》

動物の「雄《おす》」といえば精巣《せいそう》をもつもの、「雌《めす》」は卵を生み孕《はら》む器管をもつもの、とそれだけで良いのだが、人間は男女の区別を自儘《じまま》に分けて考えます。

昔「男になる」といえば元服《げんぷく》して一人前になること、「女になる」とは年ごろの成熟《せいじゅく》した女になること。男らしい振る舞いを「男さび」、少女らしい振る舞いは「おとめさび」。女は男を頼《たよ》って生きるとして「男は松、女は藤《ふじ》」。意は藤が松にからむからという。

運の向いていることを言う「男時《おどき》」に対して「女時《めどき》」とはめぐり合わせの悪い時のことです。男の都合良いように作られた言葉は勿論《もちろん》男が考えたものです。

男が面目をたて身を捨てても惜しまぬことを「男伊達《おとこだて》」といい、「女伊達《おんなだて》」とは女だてらに…、女に不似合いな…の意です。

その一方、「女の一念、岩をも通す」と女の強さを称《たた》え、「女の髪の毛に大象もつながる」という言葉は女の色香にはいかなる男も迷うものと畏《おそ》れさせますが、男はより一層至高《しこう》なものに仕立てます。「男は気でもつ」「男は敷居《しきい》を跨《また》げば七人の敵がある」と気を引きしめ、「男は辞儀《じぎ》に余《あま》れ」とは謙遜《けんそん》しすぎるくらいが良いという訓《おしえ》です。

また、男は威厳を保つため、めったなことで笑ってはいけない！というのは「男は三年に片頬《かたほ》」というそうな…。笑うのは三年に一度、しかも顔の半分で笑え！　どんな風《ふう》に笑うのか…。

沖縄の「カマジサー」が男らしいという時代もあった訳です。

沖縄のことわざも倭《やまと》に負けないくらい男をおだてます。

「男《ゐきが》あ持《む》ち勝《まさ》い、女《ゐなぐ》を持《む》ち下《さ》がい」。男女が夫婦になれば、夫は安楽となり、妻は忍従《にんじゅう》の日々となる。

「女《ゐなぐ》を七罰《ななばち》被《か》んてィる生《う》まりとーる」。女が我が身を見かぎることばです。

もひとつ、「男《ゐきが》あ崇《あが》みーるなーかる上《あが》ゆる」。男は崇めたてれば腕も上がり立派な人間になるという意だが、その実、賺《すか》してうんと働いてもらおうというコンタンでもある。

煎《せん》じつめれば、男であれば馬鹿《ばか》でも尊敬しろ！という時代だった訳です。

ヨーロッパでは少し別の言い方で「男は天下を動かし、女はその男を動かす」。

おや！　ソコモトは女様様のようで…。タハハ……。

第85話　聴いています

植物にモーツァルトを聴かせたら、その果実《かじつ》がグンと甘くなったという。植物は音を聴くのか！　何故モーツァルトなのか！　ベートーヴェンでは甘くならないのか！　甘い旋《せん》律《りつ》のショパンやチャイコフスキーではどうなのか？

かなり前、我が家の生花に語りかけ毎日懇《ねんご》ろにしていたら、花が異常に永《なが》もちしたことがある。ある人がリンゴに毎日罵声《ばせい》を浴びせたら、リンゴがすぐに腐《くさ》った。など、植物は人の話や音楽を吸収→理解→反応するという。

食卓にのぼる白米が文字を解《かい》するという実験をした人が、炊《た》いた白米を同じ分量を三つの碗《わん》に入れ、ＡＢＣそれぞれの碗に文字を書いて貼《は》る。Ａの碗に「ありがとう」、Ｂには「バカヤロー」、Ｃには何も書かず同じ処《ところ》に置く。すぐに腐ったのがＣで、Ｂの「バカヤロー」は2番目に傷《いた》みます。Ａは変化なし。つまりＡは腐らないのです(江本勝「水は答えを知っている」より)。米も罵《ののし》られるより無視された方から先に傷むのであれば、人の子の躾《しつけ》と同じではないか！

このテの話のすべてを鵜《う》呑《の》みにはいたしませんが、とりあえず動植物の遺伝子に精《くわ》しい人に訊《き》いてみました。

人間と植物とのＤＮＡの差はほんの僅《わず》かで、遺伝子《いでんし》を入れ替《か》えることで木を人にしたり、人が木になることも理論上可能だというもの。一方、アメリカで殺人を目撃した観葉《かんよう》植物が、犯人が側《そば》から通ったことに怯《おび》えたことで犯人を逮捕できた。植物も喜び悲しみ畏《おそ》れもするというわけです。

で、ある日美しいバラの花に沖縄民謡を歌って聴かせたら花がすぐに萎《しお》れたらしい。

「どうしたのか？　民謡だったから？」

いや、そうじゃありません。うたがメチャクチャ下手《へた》だったからです。俄《にわか》には信じられませんが、ほぼ事実のようです。

それにしてもバラの花に歌を聴かす？　心のゆとりでしょうか？　否《いや》、バカなのかも…。でも今や野菜に音楽栽培、日本酒や焼酎《しょうちゅう》に音楽熟成法。すべて味覚アップ！　何故そうなるかは解明されていません。

物理学、彼《か》のアインシュタインのことばをふたたび書いておきます。

「世の中の森羅万象《しんらばんしょう》の出来ごとについて科学の力で説明できるものなど無に等《ひと》しい」

第86話　スッピン

テレビで「今あなたが御主人や彼氏にいちばん見られたくないのは、なに?」という質問に対する街の女性の声を集計した第一位はケータイ電話だった。二位が預金通帳、三位財布、四位タンスの中という順です。

ひとむかし前、同じ質問に、か弱き女たちは揃《そろ》って「スッピンです」と応《こた》えたのを覚えている。そのころの婦女子は「素顔《すがお》は人様《ひとさま》に見せないもの」が常識だった。

夫婦といえども、妻は朝早く起きて、きっちりお化粧をしてから御主人を起こすのがフツーだったようです。文豪、夏目漱石も女のスッピンの句を吟じています。

〝朝貌《あさがお》や惚《ほ》れた女も二、三日〟

朝起きがけ、隣《となり》に寝ている女なのか、そのスッピンに愕然《がくぜん》としています。

あさがおという語は、朝顔の花のほかに沢山《たくさん》の名称となっている。

秋の七草のひとつ、キキョウの古名、ムクゲの別称、ヒルガオの別名、昆虫蜻蛉《かげろう》の呼び名、男用の尿瓶《しびん》、寝起きの顔。これらすべてアサガオと呼ぶんです。

そして朝顔の花は朝開き昼前には萎《しぼ》んでしまうという命のはかなさを「朝顔の花ひとと

き」といいますから、漱石もそのはかないひとときを体感《たいかん》したことになります。
古くからバッチリお化粧した美女のことを「夜目遠目《よめとおめ》」というのは、夜うす暗いところや少しはなれた場所から見ると、女が美しく見えるということばです。
その美しい女と大急ぎで結婚した男の痛恨《つうこん》の一首です。

〝気も知らで顔に化《ば》かされ嫁娶《よめと》りて後《あと》の後悔すれどかえらず〟

古い沖縄の琉歌には女子すっぴんのうたが全く見あたりませんが、奄美にはありました。

〝汗肌《あしはだ》ん美《ちゅ》らさ　踊《をど》らちん清《ちゅ》らさ　うり産《な》ちぇる親《うや》や　神《かみ》がやたら〟

素顔の美しさよ、舞の清らさよ、これほどの美女を産んだ母親こそ、きっと神様にちがいない、とうたいます。スッピンのことを「汗肌」と言い放つのはなんと健康的な言いぐさ。身も心もピュアでないと、このようなうたは生まれませんネ！

第87話　ダンシャリ

親しくしているＭＫさんが突然、「ダンシャリ」を始めたと言う。「どんな風に？」と訊《たず》ねると、これまで大切にしてきた書画骨董《しょがこっとう》をはじめ、愛用のカメラ、パソコンに到《いた》るまで、身の廻《まわ》りのもの、すべてを人様《ひとさま》に差し上げることを言うらしい。

「何故《なぜ》そうするのか！」と質《ただ》すと、「死ぬとき持って行けないから」が応《こた》えだった。

人生を達観《たっかん》しているのか、私よりも年若なのになんと清々《すがすが》しいことをやってのける人だ。

この御仁《ごじん》、小学校教諭を退官して久しく、元《もと》より私欲《しよく》がなく潔《いさぎよ》い人なので、いつもその心意気を羨《うらや》ましく思っていたが、今やいつ死んでも良い！その心がまえ、そういう人に限って身体すこやかにして病気ひとつしない。家中がインフルエンザの時でさえ、この人だけピクリともしない。

昔から、貧乏人は捨てるものもなく、いつも金が欲しいとばかり考えているのに対し、大金持ちの人は捨てるどころか自分の財産が減《へ》るのが怖《こわ》くて夜もおちおち眠れないほどの心労という。

このダンシャリの人は貧乏でも金持ちでもなく、ごくフツーの人なので、すべてを捨てることが出来るんですネ！

知識や学問なども身につけるのは出来るだけ少ない方が良いということばに「多ければ惑《まど》う」があります。本を沢山《たくさん》読むのはイケマセンに「読書は憂患《ゆうかん》の初めなり」とも。

それにしても、この「ダンシャリ」という語、どなたが創《つく》られたのか。仏教に精《くわ》しい人がダンシャリは舎利《しゃり》（米のめし、身体）を断《だん》ずると申しましたが、ドーイタシマシテ、文字は「断捨離《だんしゃり》」と書くそうです。なんともカッコイイ言葉を編《あ》み出したものです。人間、年をとったら、めそめそしないできっぱりと捨てろ！と言うことでしょうか。畏《おそ》れ入りました！

思えば誰でも若い頃は心が傷《いた》みやすく、年をとるとからだが痛みます。この際私もこのダンシャリに倣《なら》い、手元のものを捨てれば気が楽になるのかな、と思っても、それが中々《なかなか》…。

昔の偉い坊さん、一休さんの言葉です。

〝**苦じゃ楽じゃ　どうじゃこうじゃと　言うが愚かじゃ**〟

決断力のない奴《やつ》への忠告のように聞こえます。

※「断捨離®」は、やましたひでこ氏の登録商標です

第88話　人は塊《かたまり》だった

昔の大人たちは口が悪かった。私たち子供のことを「イエー！　ガンマリヌ、クフヮイ」と嘲《あざけ》るんです。ガンマリはいたずら、クフヮイはかたまり。この餓鬼《がき》ども、男女の戯《たわむ》れから出来た塊《かたまり》の奴《やつ》らという。

あなたたち大人がガンマリするから私たち子供が生まれたんだ！　ナニヲ仰《おっ》しゃる、大人だって元をただせば戯《ガンマリ》の塊《クフヮイ》ではないか！　子供だけを塊呼《かたまりよ》ばわりして…。

子供にとって、その戯れが愛のいとなみであることなど知る由もない。お前らはただのクフヮイだと言われても大人に喝《げー》など出来ません。何を言われても大人は畏《おそ》れ従《したが》うものでした。

それにしても、人が思春期に異性を恋い慕《した》い、かりそめにも、そのいとなみをガンマリと言い放《はな》つのは余りにも風情《ふぜい》のない言い方ではないか！

人が出来上がるのは、びっくりするような仕組みだ。先《ま》ず精子《せいし》と卵子《らんし》との劇的な出会いから始まるのは神秘です。植物であれば風に乗って胞子《ほうし》を飛ばすとか、地中に根を太くして数を増《ふ》やすものや、時に実の中に種子《しゅし》を埋《う》め込む方法をとるが、哺乳類《ほにゅうるい》は「交接《こうせつ》」という方法で子孫を殖《ふ》やしました。

人が生まれ人口が増えた中国では「ひとりっ子政策《せいさく》」をいたしました。二人目の子が生まれたら籍登録をさせない、または罰金を科《か》したようです。しかし、労働の確保、男子が家業を継《つ》ぐ習慣などから反発をくらい、二〇一五年から二人の子をもうけてよいと政策を緩《ゆる》められた、とあります。

人の生まれてくる数と生活空間との間の均衡《きんこう》が破れ、暮らしが圧迫《あっぱく》されることを「人口圧《じんこうあつ》」というようです。人口密度が高いほど人口圧が高くなり、食糧不足が起き、暮らしを外に求め移民することになります。人が増えれば生活が困窮《こんきゅう》し、国のナリタチでは、人は少なくても多くても困るわけです。今、地球の人口は七十六億人、この人数を賄《まかな》うには地球が、もひとつ必要だそうです。

ハナシは変わりますが、中部の老人会で世界人口についてのジョークを聞きました。

「人口世界一は中国の十二億。一番少ない国は？　知らぬなら教えてやる。タイだ！」

「安南《あんなん》シャムのあのタイ国ですか？」

老人、Vサインをしながら「二人《たい》だ！」

オツギガヨロシーヨーデ…。という感じでした。

第89話　爪の場合

昔から人の道の訓《おしえ》として、しばしば爪を引きあいに出します。

江戸時代、爪は印鑑《いんかん》代わり。爪先に墨《すみ》や朱肉《しゅにく》をつけて押したという記録があり、これを「爪印《そういん》」とか「爪判《そうはん》」と呼ぶそうです。

「爪に火を点《とも》す」といえば、夜の明かりのための油やローソクの代わりに爪に火を点《つ》けて照らすという意で、もの惜《お》しみをして、とてもケチな暮らしのこととある。

「爪で拾って箕《み》で零《こぼ》す」とは、苦労して少しずつ貯《た》めたものを、あっ！というまに使いはたすこと。箕とは昔穀物《こくもつ》のモミガラをそよ風で吹き飛ばすときに使った平たい笊《ざる》のことで、沖縄のミージョーキーに似て沢山《たくさん》入れて一気にこぼすことができる笊です。

「能ある鷹《たか》は爪をかくす」は、実力ある人間は、むやみにひけらかすことをしないという意は周知の通り。

古くから「爪紅《まべに》」「爪紅《つまくれない》」と呼ばれるのは鳳仙花《ほうせんか》の花を搾《しぼ》って爪を染めることで、沖縄の「てんさぐの花」のことです。その爪も今やネイルアートに変化、色とりどり、かなり賑《にぎ》やかな爪になっています。それにしても昔も今も女の指に爪を染めれば美しいと感じる、その美意識こそアッパレな感性だと思えてなりません。

そういえば隣《となり》のオバサンが、「私このごろ爪伸びるのが早いのは年のせい?」とぼやいていた。そりゃ古くから「苦爪楽髪《くづめらくがみ》」といって苦労の多い人は爪が早く伸び、楽をしている人は髪が早く伸びるという俗諺《ぞくげん》ありますよ!と申し上げたら……。

もひとりのオバサン、「我《わ》ンネー、人一倍苦労しているにも拘《かか》わらずすぐに髪が伸びると我れを憐《あわ》れみつつ、「髪伸びるのが楽?」。アホな諺《ことわざ》だとオバサンが憤《いきどお》ると、

「あッ! そういえば苦髪楽爪《くがみらくづめ》」ということばもあったな!と申し添えた。

いよいよ腹をたてたオバサン、「ジロー、フントーヤガ!」(どっちが正しいんだ!)と噛《か》みついてきたので、「ターチ、アタトーン!」(両方正しい)と諭《さと》し、嘘《うそ》だと思うなら辞書を見てください、ジショを、…両方ちゃんと載《の》ってますよ!

「辞書に嘘はない!」

「ソーバナシーナー?」(まじかよ!)

第90話　イリガサー

「はしか猛威《もうい》をふるう」のニュースにとてもびっくりしています。

私たちが知る限りでは、はしかは人間誰しも一度は、かかるもの。昔からこの島では、はしかの児《こ》がいると知れば、母親たちが我が児を抱《かか》え、うつしてもらうため感染者《かんせんしゃ》の家を訪《たず》ねました。それを「イリガサー願ユン」「麻疹願《はしか》い」と称し、五～六才のうちに感染すれば症状が軽く済むことは医学的にも根拠《こんきょ》のあることらしい。はしかは古代から死と隣《とな》り合わせの病のため「命定《いのちさだ》め」と呼び恐れられたようです。

予防接種《せっしゅ》で一時的に感染者は減《へ》りましたが、近年再び増《ふ》え二〇〇七年には十代、二十代に多く発生、以来接種を拡大して排除《はいじょ》にとり組んでいても、今年は四十代の感染者や「学級閉鎖《へいさ》」の記事もありました。驚きましたネ！　はしかは神様から有難《ありがた》く押《お》し戴《いただ》くものとばかり思っていたが、実は襲《おそ》ってくる伝染病だったんですネ！

はしかのことを「麻疹《ましん》」ともいい、その麻疹よりも毒性の強い感染症に「天然痘《てんねんとう》」があります。別名を「疱瘡《ほうそう》」。これも一度っきりの病で再発しないのは、はしかと同じです。

江戸時代、疱瘡に効くのは赤い色と信じられ、患者も看病の人も皆、赤い着物を着たと記されています。誰でも一度はかかることからこの病を「お役《やく》」と呼び、お役を終え始めて一人前になると考えられていました。

こちら琉球では怖《こわ》い疱瘡を「清《ちゅ》ら瘡《かさ》」（清らかな瘡《できもの》）と呼び、神として畏《おそ》れます。「どうぞ軽症に…」と祈り、疱瘡神の機嫌をとるために歌や踊りでもてなします。

その神慰《なぐさ》めの琉歌が残っています。

〽うたや三線《さんしん》に　踊《をど》いはねしちょて
清《ちゅ》ら瘡《かさ》の御伽《うとじ》　遊《あし》ぶ嬉《うり》しゃ

「今宵《こよい》うたや踊りで疱瘡神と共に、お伽《とぎ》が出来ることの嬉《うれ》しさよ」と思いっきりごまを擂《す》り、うたい踊ります。

高い死亡率で恐れられた天然痘も種痘の徹底《てってい》により一九八〇年、ＷＨＯによって地球上に天然痘ゼロと絶滅宣言《ぜつめつせんげん》をいたしました。件《くだん》のはしかも根絶の日が来るのでしょうか！　それとも天からの授《さず》かりもののままなのでしょうか！

第91話　みんな良い貌《かお》

テレビでお目にかかる評論家、学者、キャスター、いわゆる頭脳的《ずのうてき》なお仕事の人は、いつも厳《いか》めしいお顔で喋《しゃべ》ります。その厳しめさが威厳《いげん》ともなるが、稀《まれ》にキリッ！としたお顔がニコッ！となる瞬間があり、テレビの前の私たちはその笑顔を期待していないため、とても、びっくりいたします。

何故《なぜ》かって！　表情がよろしくないのです。細《こま》かに言えば、お口元の口角《こうかく》が拙《まず》い！　お堅い職業の方がにこにこすると、どこか疑《うたが》わしく見えてしまうので、是非ニガ虫顔のままでいてほしいのです。

昔の人は女性の赤い唇と白い歯の美しさを「朱唇皓歯《しゅしんこうし》」と言い、そのスマイルを称《たた》えます。つまり頭脳的な方は笑顔がよろしくない、笑顔の美しい人は頭脳的でないと言えましょうか！　おしなべてそうというわけではなく、一部あり得《う》るということです。

今マスメディア最前線で御活躍の先生方は、きっと子供のころ勉強ばかりで友達との接《せっ》触《しょく》も少なく、思考《しこう》も理詰《りづ》めとなり、勉学のため笑っている暇《ひま》などもなく、ニコニコ顔に不《ふ》馴《な》れと思われるのです。

一方、ディキランヌー（劣等生）の児《こ》は叱られてばかりで喜怒哀楽《きどあいらく》の感情も素直《すなお》に表し、叱られたら顔もキュッ！と引き締まり、褒《ほ》められれば、口角がスィ！と動き、表情がとてもきれいな容《かたち》になります。

最近になって、その美しい笑顔を目ざして、口元のマッサージや口角の動かし方を指導する教室もあるようです。

人は美しい笑顔での暮らしが良いに決まっています。勉強ばかりの子が長《ちょう》じて偉い人となり出世《しゅっせ》はしたとしても、あたり一面に拙《まず》い笑顔を振りまかれては、そこいら中の空気が穢《けが》れてしまい、周《まわ》りの方々にご迷惑をかけることになります。

世界平和のためにとは申し上げませんが、暮らしを心地《ここち》良《よ》くするために、

勉強もほどほど　出世もほどほど

　みんな笑顔で　みんな良い貌《かお》

にこり！と顔をほころばせることを「破顔一笑《はがんいっしょう》」といい、ディキヤーもディキランヌーも平等《びょうどう》であることを「凡聖一如《ぼんしょういちにょ》」といいます。

人の笑顔は空気を浄化《じょうか》すると心底思《しんそこおも》っているのです。

第92話　うたは生《なま》もの

音楽を聴くためのCDはコンパクトディスクの頭《かしら》文字。LPレコードは再生時間が長いので、ロングプレイのこと。

「LPレコードがロングなら、ショートのSPもあるのか？」

「もちろんSPはあるが、ショートではなくスタンダードのことだ」

レコードの始まりだったSPは一分間に七十八回転して片面の再生時間は三分二十秒までしかない。

「昔、ゼンマイ式蓄音機《ちくおんき》で鳴らしたアレですネ！」「そうですアレです」

長く収録《しゅうろく》できたのはLPのお陰です。LPレコードの開発はアメリカのコロムビア社。

ジュークボックスに入っていた、あのEPドーナツ盤はRCAビクター社の開発。

「で、CDは誰が考えたの？」

「日本のソニーとオランダのフィリップス社の共同開発で、世界のどの国よりも先に日本は商品化したらしい」

「持ち運びに便利なCDのサイズは誰が決めた？」

真偽《しんぎ》は不明だが、聞いたハナシでは、ベルリンフィルの常任《じょうにん》指揮者、ヘルベルト・フォン・カラヤンの内ポケットのサイズにしたとか…。「カラヤンディスク、KDってわけだ」

音楽を聴くためのSP、LP、CD、ドーナツ盤、カセットテープと、ガンガン変えて音楽ファンを悩ませたが、今最も普及《ふきゅう》しているCDまでも無くなってしまうらしい。

いい加減《かげん》にしてくれ！と言ってもダメみたい。今若者らの音楽はインターネットで一曲ずつ買いつけるという。代金を支払い、希望の曲が電波に乗って自宅のパソコンに飛んでくるという仕掛《しか》け。

パソコンの苦手《にがて》なお年寄りは、もう音楽を手に入れることができません。結果、歌は聴かず自《みずか》ら歌うことになり、ある高齢の人がカラオケハウスに入り浸《びた》っているというハナシも聞いています。

CDが無ければ買わなきゃ良い。それで良いんです。自ら歌う！　それが歌本来の容《かたち》です。

一、音楽は生演奏《なまえんそう》がいちばん！

一、うたは自分の声がいちばん！

私たちの遺伝子の中には、うたは自ら発《はっ》すべきものと組み込まれています。

生《なま》の音、健《すこ》やかな音、これが人の血の流れをスムーズにして、いつも息災《そくさい》にしていられるわけです。

第93話　砂

浜の真砂《まさご》といえば沢山《たくさん》で数えきれないほどという意です。古代ギリシャのアルキメデスという学者の著書『砂の計算書』の中に世界中の砂の数は計算できなくはない！と言明《げんめい》しているらしい。

どうか数えないでください、と申し上げたいのは、数よりも、砂の色容《いろかたち》の不思議を解《と》いていただきたいからです。

「砂ってきれいよネ！」と言うと、いつも踏《ふ》んづけている砂のどこが？と言う。「近づいてヨーク見てごらん！」と言えば怪訝《けげん》な顔をする。

世の中で役に立たないものを「砂にする」といい、「砂を噛《か》む」といえば味気ない嫌《いや》な気分のこと。蒟蒻《こんにゃく》のことを「砂おろし」と呼ぶのは、これを食して体の中の悪い砂を外に出すこと。等々、砂はどこか悪ものにされています。

でも砂はきれい！　砂すべてが美しいのではなく、宮古島の砂が良いのです。細《こま》かな美しい粒《つぶ》の集合。いったい、どれほどの時間で斯《か》くも白く細かくなれたものだ！　元の形が知りたくて夢がふくらみます。本島周辺の砂と較《くら》べると、その違いにびっくりする。鳥取《とっとり》砂丘《さきゅう》の砂と並べてみれば、まるで別もの…。

さて、そこで、砂といえばあなたは何を連想しますか？

「パット・ブーンの砂に書いたラブレターです」

ありました。良い歌です。そのうた、日本中を席巻《せっけん》しましたネ。あなたは？

「砂持節《しなむちぶし》です」。伊江島民謡ですね。で、あなたは？

「出砂節《いでぃしな》です」。古典の名曲。良く思い出しましたね！

「ハイ！　私、渡名喜《となき》島出身なので…」。出砂節は、渡名喜島の曲でしたっけ？

それから、もひとつ、ブラックサンドのこと知ってましたか？　岩手県の海岸にあるという世にも不思議な「黒砂《くろすな》」のことです。岩手といえば歌人、石川啄木のふるさと。啄木って一首三行詩だったんですネ！　はじめて知りました。

いのちなき　砂のかなしさよ

さらさらと

握《にぎ》れば指のあひだより落つ

この「一握《いちあく》の砂」の詩、もしかしてブラックサンドだったのでは…。

第94話　猫の場合

〝猫は三年飼っても三日の恩しか知らない〟

猫は可哀《かわい》がっても感謝しないことから…

「で、あなたは猫に感謝されたいわけ？」

「というより私の気持ちを判《わか》ってほしいだけ」

「三日の恩など恩の押し売りです」

「猫は飼い主に感謝もしない代わりに人を恨むこともしません」

「化《ば》け猫というのは？」

「キツネやタヌキでもない猫は化け方を知らないので化けません」

猫は、その愛くるしさと美しい姿容《すがたかたち》だけで充分《じゅうぶん》人を和《なご》まし癒《い》やしている。それ以上何を望む。そもそも猫は自《みずか》ら人間より一ランク格《かく》が上だと思っているそうな。

夏目漱石の「吾輩《わがはい》は猫である」では猫が人間を嘲《あざけ》ることから始めている。

「吾輩は、ここで初めて人間というものを見た。—略—この時妙《みょう》なものだと思った感じが今でも残っている。第一毛をもって装飾《そうしょく》されるべきはずの顔がつるつるしてまるで、薬《や》缶《かん》だ。—略—こんな片輪《かたわ》には一度も出会《でく》わした事がない…」と猫が人の顔を卑《いや》しんでいる。

猫は千年も前に中国から日本にやって来て人と暮らしてきたのでプライドも高い。猫の最もの特徴《とくちょう》はと言えば、爪を鞘《さや》に出し入れでき、ざらざらの舌、足音をたてないための肉球、その姿容は哺乳類随一《ほにゅうるいずいいち》の美しさを誇る。

にも拘《かか》わらず猫の悪口が多い。

「猫ばば」とは悪事《あくじ》を隠して知らん顔のこと。「猫に小判」とは、価値あるものも持つ人によっては何の役にもたたないこと。「猫も杓子《しゃくし》も」は、どいつもこいつも。「猫を被《かぶ》る」は本性を隠してごまかすこと。この島でなにか、しくじると「マヤーヌ、ジンブヌン、ネーン」(馬鹿《ばか》ネコほどの知恵もない奴《やつ》)と罵声《ばせい》が飛んできます。

それから猫が十二支《じゅうにし》に入れてもらえなかったのは神様にネズミが猫の告げ口《つぐち》をしたからしく、以来、ネズミは追っかけられる破目《はめ》になるが、このごろの猫は餌《えさ》に不自由していないため、ネズミなど見向きもしません。

ある日、初めてネズミを見た猫がびっくりして逃げ出したものだから、ネズミがその猫を追っかけている映像を見た。それを見た人間は、もっとびっくり! ナンナンデスカネ! あれって…。

第95話　ラブヒストリー

「逢《あ》い引きって知ってる?」と訊《き》いたら「挽《ひ》き肉のことでしょう」と言う。「いや、デートのことです」

逢い引きということばは、昭和ヒトケタ生まれの人にとっては、「人目を忍《しの》ぶ」「恋い慕《した》う」「異性との逢瀬《おうせ》」、いかにも、ほんのりとした耳触《みみざわ》りの良いことばです。

これは逢い引きと言ってよいか判《わか》りませんが、日本で昔、江戸時代、十五夜の晩にかぎり「婚《よばい》」が許された。婚とは、夜な夜な未婚の女性の寝室に忍び込み情交《じょうこう》を結ぶという慣《な》らわしで、古くからある夜這《よば》いのことです。

愛を育《はぐく》んでいる最中《さなか》、他の男が夜這って来られたらいけないので、「先客あり」の目じるしに履《は》いてきた草履《ぞうり》を部屋の入り口に吊《つ》るしておく、と書かれています。

沖縄で「婚《よばい》」のことを「サグイ」と称して地方によっては戦後までこの慣習《かんしゅう》が残っていたようです。

なりたての女教諭の赴任《ふにん》先が、サグイが残る田舎。先生の寝室に深夜、若い二才《ニーセー》がもぐり込んで来たことに仰天《ぎょうてん》! 若い女教師はすぐにこの地を離れ、先生業を棄《す》ててしまったというハナシもある。

大正生まれのサグイ体験者から忍び込む時の要領《ようりょう》を聞いたことがある。先《ま》ず雨戸の下方に水を注《そそ》ぐと雨戸は音もなくスーッと開き、寝室にすんなり這《は》い入れるが、偶《たま》に娘を溺愛《できあい》するクヮビーチャーの母親が娘に添寝《そいね》しているとは知らず、慌《あわ》て者が母親にかけ上がったというハナシは多少品位を欠くので書きませんが、そそっかしい奴《やつ》は話の種にはなります。

これは別のところで聞いたハナシ。愛のいとなみを終えた、彼女のひとこと！

「ターヤが？」（あなた誰？）

これって絶対嘘ですよネ！　あり得ません。つくりばなしですよネ！　ゼッタイ。

でもサグイでとても真実味のある琉歌が残っています。

〝夕《ゆ》びぬ我《わ》んさぐや　まぬまくがやたら　我《わ》ね寝《に》んじふりてィ　あてィんねらん〞

（夕べ来た人、誰だったのかしら。私寝てしまってナーンニモ覚えていないの…）

記憶にないんだって。知らなかった？　ンーニャロー。かまとと娘は南国にもいるんです。

それよりも、大昔、平安時代の婚《よばい》は、もっとスゴイんです。またの機会にします。

第96話　書くか打つか！

人類《じんるい》は、ことばと文字を編《あ》み出し、長い間これを活用したが、やがて二つとも消え失せる宿命《しゅくめい》だという。

どうしてって？　これからの暮らしの中では文字もことばも無くてこと足りるというのです。しかも、その時代は目の前です。

むかし原始時代の人は、ことばを持っていなかったので脳波《のうは》で相手に意思を伝えたというハナシは本当かも知れません。

何万年もかけて人は口で喋《しゃべ》ることを完成させ、語り暮らしを豊かにしてきた。それを今になってポイ！と捨てるというのです。

理由《わけ》は、口を動かす行為《こうい》がエネルギーの無駄。意思を伝えるにはワープロに、言いたいことはメールでバッチリなのに、爺《じい》ちゃん、まだペンで字を書いてる！などと子供たちが笑うんです。紙の上に字を書くなんて、ひらけてない時代遅れのやり方だと言う。

余《あま》りにも無知な言い方なので、「お前ら、墨痕淋漓《ぼっこんりんり》って知っとるか！」と訊《き》けば、「知らん！」。毛筆《もうひつ》文字の墨《すみ》の跡《あと》の美しさのことを説《と》いても若者らにとってはどうでもよいこと。

言われてみれば今どき筆で字を書く人など、ほんの一握りですから。筆文字を特殊《とくしゅ》に感じているのです。

私たち子供のころ、学校では習字という科目があり、生徒は一人残らず筆で字を書いた。皆《み》んな一生懸命、字の稽古《けいこ》に励みました。今やワープロを叩《たた》けば美しい活字が現れてくるというありがたい時代。面倒なことは省《はぶ》くという文化生活では、文字もことばも消えるべくして消える宿運《しゃくうん》なのかも知れない。

私の知人で勉強熱心だったその男は、今や造形芸術《ぞうけいげいじゅつ》とされている書道に親しみ、文章の作法もかなりのものだったが、パソコン時代にあっては、あまりに役に立てていない。というのは、筆を捨ててパソコンに移ったのです。なんと高齢にしてデジタルの虜《とりこ》になったのです。このパソコンがまた上手なんです。驚きましたネ!

ある本には、「文字とは図形記号の空間的配置」と書かれている。ナンノコッチャ!と思ったが、そんなメンドクサイことではなく、デジタル時代の今、老人として、これから後、書くか打つか!というハナシをしてみたかっただけなんです。

第97話　魂《まぶい》が飛んだ

「催眠術《さいみんじゅつ》」と言えば、かける人とかけられる人とがいて、見ていてどことなく胡散臭《うさんくさ》いもののように思えていたが、ある日、自律訓練《じりつくんれん》の先生の指導のもとに、自分自身で試《ため》すことができる自己催眠というものを実践《じっせん》して驚きました。

自身で腕が温《あたた》かいと思えば温かくなり、腕が重いと思うと鉛《なまり》のように重く、逆に軽くなると思い続ければ風船のように腕が勝手に上がるものだから嬉《うれ》しいやら可笑《おか》しいやらで、我《われ》ながら吹き出したものです。笑っても腕は宙に浮いたままです。この腕を元に戻すには、「腕が重くなる」と思い続ければ腕は、ストン！と膝《ひざ》の上に落ち、その瞬間の心地良さ、幸せ感いっぱいで、とてもホッ！とするんです。

たとえば、からだの一部、ここは痛くないと指令《しれい》すれば、そこに注射針を刺しても全く痛みを感じません。不思議です。

催眠感受性が最も高い年齢は七歳から十四歳くらいまでらしい。丁度《ちょうど》その日は無垢《むく》な二十歳の女の子に被験者《ひけんしゃ》になってもらい、催眠術の先生が「あなたは空を飛んで私が指定する場所に行きます」と、その頃コザ十字路にあったコーヒー喫茶「ブーケ」を指定した。

「店が見えましたか？」。しばらくして「ハイ！見えます」「店の中に入ってください」。ゆっくりした口調《くちょう》で「入りました」。「お客さんは、どれくらい？」「四～五人です」「ずっと中に入りなさい」「ハイ、入りました」「ママさん居《い》ますか？」。うつむいたまま「ハイ、居ます」。「ママさん、洋服何色ですか？」。しばらくして答えは「水玉模様《もよう》です」。色を訊《たず》ねたら答えは模様だった。先生が「これから目を覚まします」と、女の子を丁寧《ていねい》にトランス状態から現実に戻します。

空を飛んで来た女の子は気持ちよく目を覚まし、にこにこしている。結果を確かめるべく私がママに直《す》ぐに電話をした。

「ママの洋服は？」「どうしたんですか急に…」「皆で集まってママの洋服の賭《か》けをしている」と言うとママは直ぐに「水玉模様です」。皆《み》んな腰を抜かすほど驚いた。人の魂《たましい》は、からだから離れてもモノを確認出来るんです。その器管が退化《たいか》しただけなのです。

機会があれば皆さんに体験していただきたいのです。是非飛んでみてください。人間って、なんとすばらしい生きものだろう！と思いますよ、きっと…。

第98話　鼻吹いている

眠ってもいないのに寝たふりをする人のことを「狸寝入り《たぬきねい》」という。

その語源は、臆病《おくびょう》な狸が強いショックを受けると気を失って倒れ仮死状態《かしじょうたい》になってしまう様子が、まるで寝ているように見えることかららしい。

狸寝入りのウチナーグチは「ニンタフーナー」です。

ことわざに「寝《に》んとうせー起《う》くりさりーしが寝んたふーなーや起くさらん」、寝てる奴は起こせるが狸寝入りは起こされぬ、というわけだが、併《あわ》せて、やる気のない奴は救いようが無い！という時にも使います。

ある暁、仲間で話し合っている最中、一人の男が眠くなり、ついに横になってしまいイビキをかいている。側にいた友人がイビキ男の肩をトントンと軽く叩くと、すぐに起きて「ハイハイなに?」と質《ただ》すので「眠かったら、ゆっくりおやすみ…」と言われ安心してすぐに横になる。

またしてもイビキが聞こえたので、再び友人が肩を叩くと「ハイハイ…」。起きたところで優しい友人は「鼻吹いているから気をつけてネ!」と熟睡《じゅくすい》を促《うなが》す。（鼻吹くはイビキのこと）どう気をつけてよいのか…。それが何度も肩をトントンやられてはすっかり目が覚《さ》めてしまい、皆さんのお話に参加するしかなかった。

そこで実は人が寝たり起きたり無意識に呼吸はしているが、「出る息入《い》る息を待たず」という諺《ことわざ》は、吐く息と吸う息、そのほんの一瞬のうちに人の命はどう変わるか分からない！という訓《おしえ》です。

鼾《いびき》をかいたくらいで人がすぐ死に至《いた》るというハナシではなく、辞書によればイビキは睡眠中の緊張が緩《ゆる》み、舌が奥の方に落ち込み、気道《きどう》が狭《せま》くなり、咽頭《いんとう》の壁の振動で音が出る、と書かれているが、

「壁と言われてもネ…」

ま、からだの仕組みはともかく、人の呼吸ってすごいんです。息は鼻から喉《のど》を通り気管支に入り肺に達してガス交換する。酸素と二酸化炭素の出入り、からだに貯《たくわ》えてある酸素量はせいぜい一リットルくらいなので、呼吸による酸素の取り入れは、いっときも休むことが出来ないというんです。

生きるって息《いき》ることだったんですネ！

第99話　肩こり

日常、日本語で喋《しゃべ》るのを止《や》め、朝から晩まで英語だけにしたら肩が凝《こ》らなくなった、というのは本当だろうか！　また、肩こり症の男がアメリカへ渡り、そこで暮らすことで、肩こりが完治《かんち》したが、何年か経って日本に戻ったら忽ち《たちま》元の肩こりになったというハナシ。その証拠《しょうこ》に肩が「凝る」という英語がないんだって！

へェーなんて思い乍《なが》ら英語上手の人に訊《たず》ねたら、スティッフとはあるが、それは堅《かた》くなるであり「凝る」ではないと明言《めいげん》した。

肩こりは日本語のせいだったことに驚いて、肩こりの正体を辞書からみれば「カタコリとは肩がこること」とだけ書かれている。なんと判《わか》り易《やす》い、その通りではあるが、本当に英語のせいなのかアメリカ人の出入りの多いお医者さんに訊ねてみた。

英語堪能《たんのう》の先生曰《いわ》く「肩こりのことばはある。tight《タイト》。服などがピンと張《は》りつめたような、あのタイトスカートの、ぐっと引きしめられた感じのことば」「それから、tense《テンス》。神経が張りつめ緊張《きんちょう》した時、テンション上がるというでしょう。そのテンスも肩こりの時に使う」

「もひとつ、ｋｎｏｔ《ノット》。これは紐《ひも》の結《むす》びめとか、コブのかたまりを言います」

これらが肩こりに使うことばのようでした。

誰だ！　英語では凝らないなんて馬鹿《ばか》言う奴《やつ》は……参りましたネ！

で、その凝りは病気なのかどうか、お医者さんに訊《き》いたんです。

「どうなんでしょうか？」

「肩こりは疲労物質のカタマリです。最もの原因は僧帽筋《そうぼうきん》の不具合《ふぐあい》です」

「肩こりは病気でしょうか？」

「いや、凝りとは有痛性硬結《ゆうつうせいこうけつ》だから病気というほどではない」

「肩こりで気が重くなるのは何故《なぜ》ですか？」

「代謝障害《たいしゃしょうがい》などにみられる僧帽筋の疲労とからだの緊張のせいでしょうネ！」

「凝りの、そもそもの原因は、なんでしょうか？」

「種々《いろいろ》あるが、一番は運動不足です」

「治《なお》し方はありますか？」

「ハイ、運動すれば治ります」

私は訊くんじゃなかった！とすぐ後悔しました。

第100話　ブリチョーデー

兄弟姉妹の多いことを「ブリチョーデー」と言います。

私が親しくしている人は、そのブリチョーデーの中の一人で、長男清市《せいいち》を筆頭《ひっとう》に次男、三男、四男、五男とたて続けに生まれ、待ちかねた女の子はナシに。すぐに六男、七男、八男、九男、ラストの十男として生まれました。

戦時下にあって長男清市が戦死、多忙な父親に代わって弟たちの面倒をみたのは三男の精弘《せいこう》でした。末の十男に精弘が名前をつけます。「雅博《まさひろ》」。その親代わりの精弘が突然他界、享年三十三歳。親代わりを引き継いだのは五男耕作《こうさく》でした。

弟たちの学費を稼《かせ》ぐべく命がけで働き、十男が大学を終えるまでの学費など、すべてを払い納めることが出来ました。

兄が親代わりなど、何という家族でしょう。事実は小説よりも…と言っても、細かくその生い立ちを記すことは出来ませんが、十男は卒業後すぐにコンピューターマネージメント社に入社、コンサルタントを経て自らの会社メディアリサーチを創設。齢《よわい》三十四歳の快挙！　後にクレスコ社と改名。この時、東京証券取引所の第一部銘柄に上場！　その順風《じゅんぷう》満帆《まんぱん》こそ多くの仲間に恵まれたからだと述懐《じゅっかい》!

上場については次元の違うハナシなので書くことが出来ませんが、孤高《ここう》の十男から私が学んだことは、彼が注《そそ》ぐふるさとへの愛でした。

曰《いわ》く「私を生んでくれたのは母、私を育ててくれたのは島」。父母の命日は欠かさず島へ帰り、友らと酌《く》み交《か》わすところもまた島なのです。

社長職を退《しりぞ》いてなお閑居《かんきょ》することなく、今や父栄昇《えいしょう》との思い出となった農作業、ゴーヤー作りに勤《いそ》しんでいます。

「群兄弟《ぶりちょーでー》」のことを与那国では「ブリウトゥダナ」だと謡《うた》名人の宮良康正が教えてくれました。

修験者《しゅげんじゃ》が仏道《ぶつどう》に命を捧《ささ》げて惜しまぬことを「不惜身命《ふしゃくしんみょう》」といいますが、経済の修験者となり真理を会得《えとく》した十男雅博の、ふるさとへの強い愛情と重ねて学校教育現場への巨額な寄付は匿名《とくめい》のため寄進先は伏せますが、兄弟の睦《むつ》の心と共にそのありのままの事実を誰かが後世に伝え著《しる》さねばなりません。

「ここ与那国が彼のウトゥダナカタン(仲良し兄弟)の生まれ島です」と。

第101話　仕事私ごと

「偶《たま》には音楽のハナシなど書いてみたら？」と言うものだから、「大工の掘《ほ》っ建《た》て」って知ってる？　と訊《き》くと「知らない！」と言う。

立派な家を建てる大工さんは自分の住まいが掘っ建て小屋でも平気ということ。「紺屋《こうや》の白袴《しらばかま》」も同じ。昔の染物屋《そめものや》さんは、いつも白い袴。それを「紺屋《こんや》の白足袋《しろたび》」とも言い、忙しくて染める暇《ひま》がないから、と言うが、実は染めたくないのではないか！

「医者の不養生《ふようじょう》」とは、医者は患者の病は治しても自らの病気に気づかないという意です。

ケーキ屋の御主人が甘党で毎日ケーキばかり食べたとしても店が傾《かたむ》くようなことはないが、酒屋さん、酒造りの人が大酒呑《の》みだったら店が潰《つぶ》れるかも知れません。

音楽を職業とする人で、家でゆったり寛《くつろ》ぎながら音楽を楽しむ人など私の知る限り一人もいません。音楽業の人が家でも音を聴くという行為《こうい》は、大工仕事で疲れて帰ってきた主人に「ハイ！父ちゃん、屋根が壊れた。すぐに直して頂戴《ちょうだい》！」とハンマーを手渡されたのと同じです。

仕事場と家とで同じことをさせられるのが酷《こく》なわけです。

外国旅行に沢山《たくさん》の人を運ぶ仕事のパイロットがプライベートの旅行は決まって船旅だと聞きました。

〝真の音楽家とは音楽を楽しむ人であり、真の政治家とは政治を楽しむ人である〟と仰《おっしゃ》る人はギリシャの哲学者アリストテレスですが、このことばが理解できないんです。

私共が音楽を制作するときは作詞家、作曲者、編曲者、楽譜清書人、大勢の楽団員、メインボーカルの歌い手、合唱団、録音技士（オペレーター）、総監督のディレクター、みんなでひとつの音を創り上げます。その間スタジオは戦場で、楽しんでなどいられません。

政治家が政治を楽しんでなどいたら、その国は、きっと滅《ほろ》びるに違いない。音楽家が音楽を楽しむ？　いまだ理解できないでいます。

ある人が「私は音楽が大好きだったので音楽家になりませんでした」と言いました。

とても説得力があります。

そんな訳で音楽のこと今なおあまり書けてないのです。

第102話　トーヌカシー

子供のころ学校の成績が悪いと親から大目玉を食らいます。

試験の日は親は、ちゃんとそれを知っていて私たちが学校から戻ると直《す》ぐに「ダー、試験出シナサイ!」（答案用紙を出せ）。出さないとタッ殺《くる》されるので恐る恐る用紙を差し出すと……。

「ナニ!　25点?」「ヤナ、トーヌカシーチブルー!」（この豆腐のカス頭）、「トットロー」（ぼんくら）、「もう学校ヤメレ!」と散々《さんざん》ののしられます。

言うまでもなく最高点は百点満点。親のいつものセリフ「お前が百点とれたら天から赤《あか》猫《まやー》が落ちるよ!」と言い「もし万が一、百点とれたら赤飯《せきはん》炊《た》いて食わせてやる!」と言うものだから、よし!とは思ったが、六年間で一度も赤飯にありつけませんでした。

それにしても豆腐のカス、おからのようなスカスカの脳味噌《のうみそ》だと言われても、「おから」って、実に中身が無いものか!　訊《き》いてみた。

倭《やまと》では豆汁《まめご》を漉《こ》したしぼりかすで、豆腐殻《とうふがら》と呼び、卯木《うつぎ》の花の色に似ていることから「卯《う》の花」、ときに「きらず」と呼ぶのは切らずに料理が出来るかららしい。

私は美味《おい》しかった「トーヌカシーイリチャー」しか知りません。倭では料理も多く「卯《う》の花炒《はないた》め」「卯の花和《あ》え」「卯の花汁《じる》」「卯の花鮨《ずし》」「卯の花膾《ます》」「卯の花漬《づ》け」と豊富です。

このおから、栄養的にも食物繊維が多く、ビタミンやタンパク質も残っていて、乳牛におからを与えると乳がよく出るため、飼料価値《しりょうかち》も高いと書かれている。

戦前私たちは、ごく偶《たま》にしか、トーヌカシーは頂けない貴重な食品。それを牛の餌《えさ》にするなんてモッタイナイはなしです。そう言えば戦前、チーチー牛《うし》（乳牛）なんて見たこともありませんでした。

さて、この「おから」の名は、いかにもスカスカ感のある沖縄のトーヌカシーという響きに対し、倭の字くばりの良い美しい「雪花菜《おから》」との対比も、おもしろいですネ！

ついでと言っちゃーナンナンデスが、沖縄に「おから」という名のボーカルグループがいます。つき抜けるような良い声です。機会があれば、ぜひ一度聴いてみて下さい。中々《なかなか》濃いですよ！

第103話　スンカンマカイ

子供たちへの質問です。

「ヤチムン（陶器《とうき》）は何で出来ていますか？」、「ハーイ、土です」

「ピンポン。では人が死ぬと何になりますか？」、「ハーイ、灰です」

「ピンポン」

どんな生きものでも死んだら土や灰となり、ものの終わりを告《つ》げますが、ヤチムンは、その終わりの土と灰から作られるため、もう終わりがありません。ヤチムンは割れても土に還《かえ》らないため、その命は永遠です。


ところでヤチムンといえば戦前どこの家にもスンカンマカイがありました。見た目はいまどきの陶器というより安い汁碗《しるまかい》という感じのもので、白地に藍《あい》色、印刷時の版《はん》ズレを起こしたような文様《もんよう》が素朴で美しいわけでもなく、子供の頃、毎日見ていた平凡な姿容《すがたかたち》。見ていると腹を空《す》かした頃が甦《よみがえ》ってきて郷愁《きょうしゅう》にかられるんです。

戦後やっとこさスンカンを一つだけ手に入れ、とっておいたつもりのマカイが行方不明！　家中捜しても見当たりません。あればドーってこともないもの、無ければ血眼《ちまなこ》になって捜すんです。結果出て来ないんです。

ある日、食の器《うつわ》について「良い料理は良い器にいれることで美味となる」と教えてくれた人は琉球料理の山本彩香です。

なるほど、スンカンマカイだけが食器だった私にとっては誠に衝撃《しょうげき》的なことばです。めしと言えばワタミテーシムルー（食は貪《むさぼ》るもの）であり、碗のことなど考えも及びません。食器即ちスンカンのことで戦後、陶器というものの存在を初めて知らされたことになる。

沖縄でも今や沢山《たくさん》の窯元《かまもと》があり、やきものの名手名品も、どしどし生まれているようです。一方倭《やまと》の陶芸も写真で見ることができます。九谷《くたに》、伊万里《いまり》、また天目茶碗《てんもくぢゃわん》等。なかでも志野《しの》茶碗や瀬戸黒《せとぐろ》という名の碗を見てビックリいたします。

なんという色容《かたち》！　これもやきもの？　ものを追求し芸きわまれば、器もこのような容になるんです。国宝と呼ばれる品は、私共のスンカンのそれとは様子が違い過ぎる。徒《ただ》ならぬ品であることを知らされますが、ただひとつの共通点は「国宝もスンカンも土で出来ている」ということでした。それらヤチムンのことを今あらためて、はかり知れないほどの感慨《かんがい》にふけってしまうのです。

第104話　舞踊

　舞踊という日本語は「舞《まい》」と「踊《おどり》」とをくっつけた言葉。「舞」は貴族的《きぞくてき》性格、「踊」は庶民的なもの。舞いはまわるで上半身の動き、踊りは躍《おど》り上る歓喜《かんき》するというものです。
「舞」が武家階級《ぶけかいきゅう》に支持《しじ》され芸術となり、「踊」は民衆の熱狂的なエネルギーが加わり近世《きんせい》歌舞伎《かぶき》をどりへと発展したとされています。

　をどりのことを上方《かみがた》では「舞」と呼び、江戸で「踊」と呼ぶ習慣《しゅうかん》もあったらしい。そこで吾《わ》が琉球舞踊は昔、中国から来られる冊封使《さっぷうし》のおもてなしのために作られた舞で、踊り奉行《ぶぎょう》が宮廷《きゅうてい》舞踊として拵《こしら》えたものです。

　で、その舞の最も重要なところはどこか、と琉舞のお師匠さんに訊《たず》ねてみました。

「をどる時、一番肝心なところは、どこですか?」

すべて大切だと前置《まえお》いて、「強《し》いて言えば腰《がまく》です」「ヤッパリ!」

　同じ質問を西洋のをどり、バレエの先生に訊《たず》ねると、一も二も無く「体形《たいけい》です」という応《こた》えに少し面喰《めんく》らったが、琉舞のぶれない足腰の安定感は長年の鍛錬《たんれん》で身につけるものに対し、バレエでは手足や胴の容《かたち》がより一層重要なわけです。体形さえ良ければあとはどうにでもなる！ということは、容姿《ようし》の美しさに修練《しゅうれん》を加えるという手順《てじゅん》ですネ！

また、バレエの重心を胸あたりにおくことに対し、東洋では腰を落とし重心を低く舞うのは、日本の神楽《かぐら》をはじめ能《のう》、狂言《きょうげん》、琉球の古典女をどりがその典型でしょうか！　稀《まれ》に西洋の中でも、スペインのフラメンコは腰が低いため、その動きは東洋の動きだそうです。

ヨーロッパでは舞踊評論家の中に舞踊美学者という専門職もあり、その美学者のF・ティスという人の言葉に「舞踊とは形式と可視線だけでなく意味と概念《がいねん》をもつもの」と少しメンドクサイ言い方をしております。

一方、音楽美学者のE・ハンスリックという人は「舞踊とは動きそのものであって、なにものも表現しない」とスッキリと言ってくれます。

ドッチヤネ！とも思ったが、相手は専門の方、仰《おお》せの通りとして、もののついでに私の友人にも訊《き》いてみました。

「ンージ、舞踊で何がいちばん大切と思う？」

「容貌《かあぎ》じゃないか！」

素人《しろうと》の意見なので聞かなかったことにいたしました。

第105話　涼しかった時代

「猿股《さるまた》」といえば、みじかい「ももひき」のこと。と言っても若い人たちが知るわけない。戦前、「西洋褌《せいようふんどし》」と呼ばれた男子用下着（パンツ）のことです。

昔、日本男子の下着は六尺褌《ろくしゃく》と越中褌《えっちゅう》の二通り。素材《そざい》はさらし木綿《もめん》が多く、稀《まれ》にちりめんや羽二重《はぶたえ》もあったようです。江戸時代、褌は高級品で庶民には中々《なかなか》手に入りません。長屋住まいの嬶《かかあ》の方は、ちゃんと腰巻《こしま》きを身につけても旦那の方はフルチンだった、と書かれている。

やっとこさ手に入れた褌を締《し》めて、尻《しり》っ端折《ぱしょ》りをするのは、涼しいことと「俺、ふんどしあるぞ！」と見せびらかすためでもあったようです。

そのころ、行き倒れ（飢《う》えや寒さなどで道ばたに倒れて死んだ人）の身につけたもので最初に無くなるのが褌だったらしい。また、銭湯《せんとう》でも、すぐに盗《と》られるので頭に結《ゆ》わえつけて風呂に入ったとあります。

そのころの男子十三才の成年式は褌を締めて「褌祝《ふんどしいわ》い」です。「褌を締めてかかる！」とは覚悟を決めて仕事をやることです。

一方、女子の腰巻きも貴重で、長年使い古《ふる》しても業者が買いとり再利用されます。江戸時代に流行した宗十郎頭巾《ずきん》や竹田頭巾にリサイクルされました。

お侍《さむらい》さんが、「この頭巾、若い娘子《むすめご》の腰巻きに相違《そうい》ないな？」と問われ「その通りでございます」と応《こた》えれば皆快《こころよ》くお買い上げ下さったそうです。

その腰巻きは婆さんの着古《きふる》しであることは言うまでもありません。

さて、琉球では男ものの褌を「サナジ」、婦人用を「メーチャー」と呼び、貴重であったことは倭《やまと》に同じ。そのため女の子は外出のときだけ下着を身につける、という時代だった訳です。

明治、大正、昭和と時代が新しくなると、褌は猿股に変わり、女のメーチャーもハカマ（晒地《さらしぢ》の下着）となり、外出用であり続けたのは変わりありません。

その時代のデート前、みやらびたちの本音《ほんね》、恥じらいのうたが残っています。

〽**はかまかきたくとぅ　親《うや》ぬぬらやびさ**
まるばいし来わん　笑《わら》て呉《くぃ》るな
（下着をはいて出ると母が叱るんです。すっぽんぽんで来ても笑わないでネ！）

笑っている暇などありませんよ！

第106話　音ふたつ

音楽の中で良い音といえば、ひとつは倍音《ばいおん》を含むアコースティックの楽器や、生《なま》のうた声がそうです。

もひとつの良くない音といえば、耳では聴きとり難い超高域《ちょうこういき》や低周波《ていしゅうは》と呼ばれる音です。人が、この音をからだに受けると知らず知らずのうちに体調を悪くします。

野外でのコンサートは大群衆を歓喜《かんき》させるが、そのリハーサル会場に低周波は現れます。広いステージにサブウーハーというデッカイ、スピーカーから出る音に、周《まわ》りでセッティング中の若者が一人二人と気分を悪くしてゆきます。大音量の音圧が、からだを圧迫《あっぱく》してゲロを吐《は》いてしまうのです。当然、本番では、このスピーカーから離れることでまったく問題はありません。

ある知恵者が、この音を利用して押し売り撃退《げきたい》に使いました。聴きとれない音の出る発信器を自宅玄関に備《そな》えつけたので、押し売りの人、この音で居《い》ても立ってもおれず大急ぎで退散《たいさん》するという仕掛《しか》け。さすが押し売りは立ち去りましたが、これを仕掛《しか》けたこの家の主《あるじ》もひっくり返った筈《はず》です。

悪い周波数と対極《たいきょく》にあるのが「倍音」。これは、まるまるクスリです。混声合唱や管弦楽オーケストラの音が豊かで美しく感じるのは、その中に含まれる倍音のせいなのです。倍音は人の血液中のある種のホルモンが分泌され爽《さわ》やかな気分になるらしいのです。

安価《あんか》な電子楽器が味気《あじけ》なく聴こえるのは、電子音に倍音が含まれていないからです。

音楽を聴く時、生の音と倍音とをひっくるめて聴いているため、私たちはそれを美しく感じているわけです。

その倍音だけを耳で確かめる方法があります。若い方（十八歳未満）であれば、はっきりと聴きとれる筈です。

先《ま》ず静かな部屋で、一人がやや大きめの声で「アー」と声を出し、もう一人がその声をヨーク聴くと、アーの声の中に微《かす》かに聴こえる音が倍音です。耳の若い人であればオクターブや五度の音がはっきり聴こえます。

ひとつの音に三つ以上の音が含まれているなんて不思議ですよネ！

しかし、どうしても聴きとれない時は、すぐにお止《や》めください。いつまでもアーアー言っていると、どこか悪い病気にかかったのかと思われます。

第107話　上中下

お中元とは何かについて以前書きました（第56話）。中国の贖罪《しょくざい》（罪ほろぼしの祭り）が日本で祖先崇拝《すうはい》行事に変わり、一月十五日を「上元《じょうげん》」、七月十五日を「中元《ちゅうげん》」、十月十五日を「下元《かげん》」として、親類縁者《しんるいえんじゃ》への贈答品を中元と呼ぶようになりました。

上中下といえば、上は良いもの上等で、下は下の方で劣《おと》って悪いもの、中はその中間という感じです。

一方、上中下に「寿」をつけて人の寿命《じゅみょう》の長さを表しました。六十歳から八十歳の二十年間を「下寿《かじゅ》」、八十歳から百歳までの二十年を「中寿《ちゅうじゅ》」、百歳から百二十歳までを「上《じょう》寿《じゅ》」としています。

人生僅《わず》か五十年と言われた時代に百二十歳まで生きられるわけない！間違いではないか！と言うものだから、それほどの長寿が居たかどうかは判《わか》りませんが、八重山民謡の「みるく節」のうたに

〝百はたちなてん　事《くとぅ》知《し》らんむぬや　年《とぅし》や寄《ゆ》たんてい　童《わらび》さらみ〟

〈齢《よわい》百二十にもなり、ものごとの判別《はんべつ》も出来ない人など、ガキと同じだ〉と叱り咎《とが》めら

れています。この歌の百二十歳は誇張《こちょう》されたものという人と、否《いや》！民謡は嘘《うそ》つきませんから百はたちは認めるべきだとの意見もあり、ま、真偽《しんぎ》は専門家に委《ゆだ》ねるとして、昔の人は現代人のように輸入品の食ではなく、現地で取れた添加物《てんかぶつ》なしの良いものを食べているため案外百二十歳楽ちんだったかも知れません。

さて、上国《じょうこく》、中国《ちゅうこく》、下国《げこく》のこと、ご存じでしたか？　私も初めて知りましたので書き写しておきます。

米の取れ高や人口の多い少ないなどを大、上、中、下の四等級に分けた昔、日本の律令制《りつりょうせい》のことです。

チッチャな下国の出身の俳人、一茶の句です。**〝下下《げげ》の下下下下《げげげげ》の下国《げこく》の涼《すず》しさよ〟**

貧しくても、ふるさとをうんと称《たた》えます。

もひとつの上中下、酒の呑《の》める人は「上戸《じょうご》」、酒に弱くて少しだけ呑める人が「中戸《ちゅうご》」、全く呑めない人は「下戸《げこ》」。

この島では「酒上戸《さきじょうぐー》」だけがあり、中戸も下戸もなしです。この際、倭《やまと》に倣《なら》って「我《わ》ンネー酒下戸《さきげーくー》ヤイビーン」と言ってみてはどうでしょう！と思ったが、このゲークーという響き、どこか大酒呑みのワリガーミのような雰囲気もあるので、ヤッパシ止めた方が良いはず…。

第108話　食べます棄てます

ひょんなことからベトナム戦争の従軍カメラマンに出会い、見せてもらったスチール写真は凄惨《せいさん》なショットばかりだった。中でも奇妙に思えたのは戦死したベトナム兵の右横っ腹にポッカリ穴が開いている。その穴の理由をカメラマンに訊《き》いた。この島以外のある島の人たちにとって人間の肝臓を食することで長寿が叶《かな》うとされていて、そのために切りとられた穴だという。

一方昭和のはじめ頃《ごろ》、日本人医師が、いずこだか南の島に派遣《はけん》され、現地住民の医療に従事《じゅうじ》。島の人たちから尊《たっと》び崇《あが》められた医師が任期《にんき》を終え日本に帰ることになり、そのお別れパーティーの席に医師ご本人が居ないので訊《たず》ねると、敬愛《けいあい》する人なので皆《み》んなで食べた！というハナシ……。

人の暮らしの中で事実秀《すぐ》れた人を食べることで、その人の力を獲得《かくとく》できるという宗教《しゅきょう》儀礼《ぎれい》的なものから、愛するあまりからだにとり込むものなどの習俗は世界中にあるといいます。

ニューギニア、アフリカ、フィジー、オーストラリア、ニュージーランド、南北アメリカ他多くの国で人肉を食うという記録があり、その行為を「カニバリズム」と呼ぶそうです。魚の餌《えさ》が魚であるように日本でも享保《きょうほう》、天明、天保《てんぽう》の三大飢饉《ききん》では「草根木皮《そうこんもくひ》、牛馬、犬猫はもとより人肉を相食《あいは》む惨状《さんじょう》を呈《てい》した」と伝えています。

その他では親族の食人は死者と永遠につながるため、脳や心臓を食するのはその人の才能を受け継《つ》ぐため、敵を食すのは復讐《ふくしゅう》のためなどと、事情がいっぱいです。

戦後、食糧輸入国世界一の日本はキキンどこ吹く風。食品廃棄量もまた世界一、人間無ければ何でも食べるが、有ればあるで何でも棄《す》てます。

棄てる量もハンパではない。年間二千万トン、お金に換算して年間××億円でなく「兆」という額でした。精《くわ》しくはインターネットで見られます。

人が飢饉に見舞われるのも深刻ですが、飽食《ほうしょく》もまた怖いですネ！

沖縄でカニバリズムで思いあたることは、いとこなどの近しい親戚《しんせき》のことを「マシシウェーカ」（赤肉縁者《あかにくえんじゃ》）と呼び、遠い親戚のことは「シルジサーウェーカ」（脂肉《あぶらにく》縁者）という言葉が残っています。

第109話　古語のひととき

この島で「ニービチ」といえば結婚式のことですが、日本の古語「根曳《ねび》き」は遊女や芸《げい》妓《ぎ》など身代金《みのしろきん》を払い身請《みう》けして連れ帰り、妻などにすることです。

女房のことは「妻《つま》」、古語では「刀自《とじ》」と呼び、私たちの島では平成の今日も刀自のまゝです。

民俗学の先生のおハナシでは、昔の刀自は女性の尊称、それが他人に仕《つか》える女となり、後に一家の主婦の呼び名となったとのことです。そして「妻《つま》」という文字が「夫《つま》」と書く理由《わけ》は未《ま》だ訊《き》いていません。

旦那が浮気して奥様に嘘《うそ》をつくのは「ユクシムニー」です。その事実を曲げることを古語では「讒《よこ》す物言ひ」。讒すがばれると奥様はヒン（すねる）します。「嚬《ひん》」と書いて顔をしかめるの意です。やきもちリンチ（悋気《りんき》）またはウヮーナイですが、「嫐《うわなり》」は後添《のちぞえ》のことで嫉妬ではなく、うわなりは後妻のことのようです。

お産も「子を産む」ではなく「子を生《な》す」が古いことばです。子を生すのは命懸け、赤《あか》児《ご》は「夏《なち》ン雪降《ゆちふ》ラスン」（真夏も冬の肌心地）と言われ、産後の母親はからだを温めるためジールを離れてはいけません。ジールは囲炉裏《いろり》、古語は「地炉《ぢろ》」です。
その他に肉のことは「宍《しし》」、玉子《たまご》は「かいご」、孫のことは「うまご」と言い、頭は「つぶり」です。左右も「ひだりみぎり」と読み、「三人四人《みたりよったり》」も古語です。

島では食事の最中に地震が起きると、もいちど食事をとるという慣《なら》わしがあり、しかし経済的に二度めしの余裕などありませんから、親は「アネ！ ネーヌユインドー」（ほら地震が来るぞ、さっさと食え！）と急《せ》かします。古語では地震を「ない」と呼ぶそうです。

ウチナーグチが日本語である証《あかし》に、資料では、琉球国の摂政《せっせい》、羽地朝秀《はねじちょうしゅう》（向象賢《しょうしょうけん》）は琉球人について「此《こ》の国、人の始めは日本より渡りたる儀《ぎ》、疑い御座《ござ》なく候《そうろう》」。

また、イギリスの言語学者チェンバレンは「日本語は、ある部分を忠実に保有し、琉球語は他の部分を忠実に保存し、本土で死語となった所謂《いわゆる》、古代日本語が琉球奄美に多く有る」と書かれています。（沖縄朝日新聞社編『沖縄大観』）

だからと言って日琉同祖論《にちりゅうどうそろん》に皆んなが諸手《もろて》を挙《あ》げているのではないはずですが……。

第110話　幾年月《いくとしつき》

昔、舟を操《あやつ》る人のことは「船方《ふなかた》」「船頭《せんどう》」「舟子《ふなこ》」と呼ばれました。

舟の船尾《せんび》にとりつけて漕《こ》ぐ道具を「櫓《ろ》」、水の底をついて舟を進める道具は「棹《さお》」、その扱いの難しいことを「棹は三年、櫓は三月《みつき》」といいますから、棹の方がはるかに技術を要します。

習いごとにかかる時間の「首ふり三年、ころ八年」とは、尺八の音がころころと転がるような良い音になるまでに八年かかるという意です。「石の上にも三年」は、人間どんな時でも辛棒《しんぼう》すれば思いは叶《かな》い成功すると。「桃栗《ももくり》三年、柿《かき》八年」とは、植物が芽を出してから実を結ぶまでの時間。また、「柚《ゆず》は九年、梅は酸《す》いとて十八年」もかかるそうです。漢字の音韻《おんいん》を理解するにも十年かかるぞ！ということばは「韻鏡《いんきょう》十年」というようです。

江戸時代、遊女の年季も十年経《た》てば年増《としま》、客の前に出ることができません。それを「苦界《くがい》十年」といって、遊女たちはその大切な十年間を命懸《いのちが》けで客あしらいするのです。少し短めの「禍《わざわい》も三年経てば福となる」は、つらくてもガマンする、悪いの次は必ず良いが来るという教え。

思いきり永いものに「鶴は千年、亀万年」。鶴亀は松竹梅と共に縁起《えんぎ》もの、長生きの象徴《しょうちょう》です。

ある男が自《みずか》らの長寿を願い亀を買って育てていたが、一年経《た》たずに亀が死んじゃった。男は腹をたて亀屋の主《あるじ》に掛《か》け合った。

「なにが長寿か！　亀は万年というのは嘘《うそ》か！」と捲《ま》くしかけると「ハイ、この亀は今日が万年目です」というハナシ。

うんと短いのが「人の噂《うわさ》も七十五日」。くだらん噂ばなしなどニリクサレテ聞いてられるか！ってとこでしょうか！

琉球古典音楽を習う人たちも技《わざ》を修得《しゅうとく》するために稽古《けいこ》に励みます。謡《うた》、三絃《さんしん》、箏《くとぅーふぁんそー》、笛、胡弓《くーちょー》、太鼓《てーく》などに費《つい》やされる時間も膨大《ぼうだい》なはずですが、皆さんは、どれくらいの時間をかけているのでしょうか？

倭芸能《やまとげいのう》の頂点にある能役者が志をたてるまでの時間が中森晶三の『能のすすめ』に記されています。

「仕舞《しまい》二年、小鼓《こつづみ》三年、笛《ふえ》五年、太鼓《たいこ》八年、謡《うたい》十年」。この年月で、やっとスタート地点に立つことを許されます。

第111話　陰と陽

世の中に在《あ》るすべてのものに「陰《いん》」と「陽《よう》」があり、陰は暗いカゲで陽は明るいヒナタです。陽が積極的《せっきょくてき》で善であれば陰は消極的《しょうきょくてき》な悪という感じもする。

食べものでも陰はからだを冷やし、陽はからだを温める良い食物です。

土の中の牛蒡《ごぼう》のように下の方で育つものが「陽」で、果物《くだもの》が上の方、高いところで実をつけるものを「陰」としているため、からだを温《あたた》めるのは下方で出来るモノと教えられました。

また、人の目にも陰陽があり、〝男の目《め》には糸を引け、女の目には鈴《すず》をはれ〟ということばは、男の眼《め》は糸のように細いのがカッコイイ眼で、それが「陽」。逆に大きな目はカッパライの眼差《まなざ》しのため「陰」としているため、日本人には細いマナコが良い目ということになります。

このごろでは少し事情が変わり、外国人のように二重瞼《ふたえまぶた》の大きな眼に憧《あこが》れ整形手術を施《ほどこ》すと聞きます。折角《せっかく》の陽のマナコを陰に差し換《か》えるという行為《こうい》は、戦後私たちモンゴロイド（類黄色人種）が西洋のコーカソイド（類白色人種）の洋食をからだに摂《と》り込《こ》んだことで、病気が起きるという現状《げんじょう》に似ています。

「美味《おい》しい食事をして、何故《なぜ》病気になる!」、「からだの中の遺伝子がどうやら承知しないらしいのです」。やはり食は地元でとれたものが陽ということでしょうか!

また、平安時代のころから、陰と陽とをつかさどる陰陽師《おんみょうじ》という専門職の人も現れましたが、人をたぶらかしたり、金銭を奪う陰陽師まで出てしまい、厳重に規制され、今では一人も居なくなったと書かれています。

もひとつ、人のかくしどころ、男女の生殖《せいしょく》器のことを「陰部」と書きますが、この島では女が陰で男は陽と書くのです。

いつもいつも、ことわざばかりを引き合いに出してゴメンダケド…。

〝男《ゐきが》ヌ陽部《むの》ヲ胴食《どぅーく》エムン、女《ゐなぐ》ヌ陰部《むの》ヲ人《ちゅ》食エムン〟

(陽部我が身を食らい、陰部人を食らう)

男は女に貢《みつ》ぎ、出費がかさみ疲弊《ひへい》するが、女は男からすべてを搾《しぼ》り取り喰《く》い殺してしまう。という良く出来たことわざです。

ハ!タマシ、イランティカラ…。

(お気をつけくださるよう…)

第112話　結婚

古代といえば奈良、平安時代のことでしょうか！　その頃の女は結婚しても家にとどまり、夫は妻のもとに通い、これを「婿入り婚《むこいりこん》」「通い婚《かよいこん》」「よばい」と呼び、子が生まれた頃、夫の家に移るという慣《なら》わしだったが、通うのが煩《わずら》わしくなり、結婚と同時に女が婿方に身柄を移す「嫁入り婚」の風習が定着するようになった。（小学館『日本大百科全書』）

その頃の男女が成人としての交際するのは「婚《よばい》」です。結婚の文字が「婚で結ばれる」と書くように、婚で夜毎《よごと》男たちが代わる代わる女のところへ忍び込み愛を営《いとな》むのは、夫婦生活の訓練期間、つまり、リハーサルみたいなもので、やがて、その中の一人が婿として女によって選ばれ夫になるという手順《てじゅん》です。

子が出来てしまい、父親が誰だか判《わか》らないときは、通ってきた男たちの中で一番の年長者が父親になるという、誠に大ざっぱな親子カンケイが成立。

やがて世の中は男性支配が強まり、女性の地位を低くしてゆき、極度《きょくど》に処女性までも重んじられるようになり、これまでの夫婦の訓練期間も激減《げきげん》。以来婚姻《こんいん》とは、一人の男子と一人の女子による夫婦で社会的承認《しょうにん》を得《う》るものへと変化してゆきます。

格式《かくしき》の高い家では、家と家との都合だけで本人の意思とは無関係に結婚をいたします。それをとりもつ仲人《なこうど》も現れ、媒酌《ばいしゃく》する者は両家のつりあいを判断、親の意向を代弁《だいべん》、上手《うま》く両家を結びつけるため骨を折るわけです。

それなりの家柄であれば仲人の出番もあるが、貧しい農家で嫁を娶《めと》る一番の理由《わけ》は人手不足、次の労働力を産む、つまり生きてゆくための結婚です。

今や結婚のカタチもさまがわり、婚姻とは「好きな人と一緒になる」というシンプルなものとなり、「コンカツ」というところで人生の伴侶《はんりょ》とめぐり逢《あ》うわけですネ！

コンカツとは集団見合いのことでしょうか？　差し出がましいことは申しませんがひとつだけ、見合うときお勧《すす》めできない男子の見た目のイメージを書いておきます。

一、外見が立派すぎる男

一、金持ちで心が貧しい男

一、ケチだけど心だけが豊かな人

否！野暮《やぼ》なこと。それより女子特有の第六感の方が人を観《み》る眼《め》ははるかに優れているかも知れません。

第113話　挨拶

顔見知りの人とすれ違いざまの挨拶《あいさつ》といえば、「暑いですネ！」「寒くなりましたネ！」などその口の体感温度《たいかんおんど》を口にするが、島ではほゞ「ヌーガマーカイガ！」（どちらへ？）と言います。どちらへ行こうと大きなお世話だと言う人はいません。「マーカイガ」とくれば応えも判で押したようなことばで「ウマントゥー」（ちょっとそこまで）となり、「トーアンシェー、ヨンナー」（どうぞお気をつけて）で終わりです。

いつも同じ挨拶では飽《あ》き飽《あ》きするので、別の言い方で「マーカイガ」に対して「ムンダニン、アイガスランチ」（餌《えさ》でも拾《ひろ》ってこようかと…）、つまり夕食の買い出しに行くところですと、餌でもあさりにと洒落《しゃれ》るわけです。

ある人は「マーカイガ」の代わりに「ビチカイナー」（別の場所に行くの？）と問います。あなたは今、現在地から別の場所へ移動進行中なのネ！という言い方です。となれば返事もシンプルに「ウー」（はい！）でこと足《た》ります。

ぱったり会った奥様がショッピングの帰りに袋いっぱい提《ひさ》げているので、「ヌーガ、ウサキー」（沢山《たくさん》のお買い物ですネ）と訊《き》けば「ヤーンカイ、ムヌカマーガ、ヲクトゥ」（今日は家に餌待《えさま》ちがいるものだから…）。久しぶりに旦那に美味《おい》しいものでもと思って！というところを「ムヌカマー」（めし食い）で片付《かたづ》けるのは、ゾンザイにも聞こえるが、その省略が島人には慎《つつし》み深く感じるのです。

稀《まれ》に街のド真ん中で知人と出くわすと「アイ、ヌーガ？」（おや、なんで）。「珍しい所で会いましたネ。今日はまたどうして？　お買い物ですか？」とすべきところを「ヌーガ」の一言。このごろではこれを倭口《やまとぐち》でやられるから大変。「アイ、ナンデ？」。いきなり「ナンデ？」と訊《き》かれれば「別に」と言いたくなります。

これまでの習慣《しゅうかん》でフツー「ヌーガ」とくれば「アンスクトゥ」（だからよー）が反射的《はんしゃてき》に来る。このアンスクトゥには「あれとこれとそれなど諸々《もろもろ》の事情でここに来たのよ！」が略されているため、島独自の省略の儀に不馴《ふな》れな方には杜撰《ずさん》に聞こえる筈《はず》です。しかし、そのようなオシャレな言い方をする人は、もういなくなりました。島人御一同が言語能力の衰退《すいたい》なのです。

第114話　やなぐちの段々

「イェー、トゥルー」といえば（おい！　うすのろ）能《のう》なし野郎です。そんな頭ごなしの言い方をやめて改めたのが「イェー、ソーイラー」（おい！　お利口《りこう》ちゃん）。もっと悪い言い方です。

この罵《のの》りことばを言われた側は意外と心地よく感じているのです。関西弁の「アホ！」が余所者《よそもの》には、はじめ激越《げきえつ》に感じても、大阪ではほんの日常語。

この島で作業中、仕事がのろいと「アヤメークサメーシーネー、キリクヮースンドー」（うろちょろすると蹴《け》りとばすぞ！）と言われ「ヤクンチリタタン」（この役立たずめが）「ムノーフリグェーシ」（めしばかり食いやがって）「クソー、バーキマイシ」（糞《くそ》だけが、でかくしやがって）と罵声《ばせい》の嵐。それでも本当の役立たずは叱りません。叱る価値《かち》が無いからです。

「ヲゥージトーシー」（砂糖黍《さとうきび》の刈り入れ）の日は大人も子供も総出《そうで》です。黍の葉っぱのギザギザが手足を傷《いた》めます。はじめは痒《かゆ》く、やがて痛くなり、黍を束ねて担《かつ》ぎ出すころは首も肩もまっ赤に腫《は》れ上がります。子供心にも、大人になっても農業だけは絶対にやらない！と決意したものでした。

家から昼食を運んでくるのも子供の役目です。「ヤーンジ、アシートゥティ、チャービラヲゥー」（家に昼めし、とりに行って良いですか？）「カシーカシーテー」（さっさと行って来い）

食べられるという嬉《うれ》しい時間です。いつでも空腹ですから、ご飯《はん》を頂けるという福運に授《さず》かる気分、今の子供たちは味わったこと無いはずです。贅《ぜい》の時代、めしに喜びが無いなんて気の毒なことです。

さて、収穫した砂糖黍から液汁《えきじる》を搾《しぼ》り出す作業を「サーターシー」と言い、「ウマウーヤー」（馬追い）も子供の役目。鞭《むち》で馬の尻を叩《たた》きながら、ぐるぐる回る重労働です。足が遅いと、また罵声。その頃のヤナグチが耳に残っています。

「ヤナダルー」「フューグェー」「チャクチャクー」「ンジャリ、ミーハッポー」「クサリヤックヮナー」「ウフクーガー」「ケーシマージラー」「クチトゥトーカチー」「トゥンヌクスヤカ、チヂナムン」「ヤナ、ユグリハイカラー」

もう死語です。懐かしいんです。

第115話　楽譜を書いて文字書いて

チャップリンが作った「ライムライト」の音楽、今や永遠の名曲です。

その曲は、チャップリンが口ずさみ、音楽の専門の人がフメンを興《おこ》すと聞きました。

それにしてもよくぞ見つけた美しいメロディーは、聴くたびに感慨《かんがい》を深くいたします。

かりに音楽学校作曲科を優秀な成績で卒業しても、すぐに美しいメロディーが書けるとは限りません。否《いや》！専門的な音楽形式を身につけていないことが幸いして奔放《ほんぽう》な旋律を生むのかもしれない。

ライムライトの曲想には、そのような自在の中の雄大さを感じます。

但《ただ》し、西洋音楽の世界では、メロディーを作っただけでは作曲とは言いません。そのメロディープラス和声学、対位《たいい》法などの作曲法という法律を駆使《くし》して音を組みたてるため、曲作りの心労《しんろう》があるわけです。

しかし今日では音作りも細分化《さいぶんか》され、作られたメロディーに他の人がオーケストレーション（管弦楽法）を加えて音楽を完成させます。メロディーに和声を加えるその作業を編曲と呼び、メロディーを生かすも殺すも編曲者の腕一本と言えましょう。

ある人は「編曲」を「変曲」と勘違いして「曲を変えるのか？」と訊《き》くものだから、「イヤ、メロディーは一切動かしません」と応《こた》えるとびっくりするものだから、「そのメロディーをいかにすれば、より一層美しく表現できるか、という作業を編曲というのです」と言うと二度びっくりしてくれます。

では楽譜を書かずとも作曲してよいのであれば、文字を書かずとも文学が出来るのではないか？

しかし、そうは問屋が卸《おろ》しません。

歌や音楽は作詞・作曲・編曲のほかに多勢の楽団員など複数の人で一つの曲を創りあげるのに対し、文学はひとりぽっちで原稿用紙に向かい、時間の差はともかく、書き上げれば完成ですから、楽譜を書かないと文字を書かないとではワケが違うのかも知れない。

かりに琉球古典音楽の中の荘重雅《そうちょうみや》びに万葉調よろしく書かれた琉歌よりも、文字を持たなかった百姓たちのうたの力強さを思えば、ある人がストーリーを考え、別のある人が文字を書くという文学もアリなのかな！　と思うのです。

〝音楽などといっしょにするな！〟と叱られますかネ…。

第116話　ヤーチュー名人

私が強い黄疸《おうだん》に見舞われたのは今から四十年ほど前です。目が黄色、肌着も黄色く染む、オシッコもコーヒー色に近い。勇気を出して病院で検尿《けんにょう》。医師曰《いわ》く「強い肝臓障害。決定的な治療薬はない。三十日間の絶対安静。動いたら命の保証はしない」。愕然《がくぜん》！　何という御託宣《ごたくせん》。とりあえず帰宅。たまたま家に来た知人が私の顔を見て「この病気、治《なお》す人知ってる！」と言う。

北中城村の人でヤーチュー（灸《きゅう》）で治すらしい。絶対安静よりヤーチューで治ればラッキーなので、頼み込んでキャンさんというヤーチュー名人に来ていたゞいた。

名人は私の顔を見て「ニーサンムノー、ニスーカンヤー」（その顔なら二週間だネ！）と言われた。二週間もあれば充分完治できる、もっと重症の人も治した、と自信たっぷりに仰《おっしゃ》るものだから、とりあえず、ほっ！とした。

医者の絶対安静のことばがよぎる中、藁《わら》にもすがる思いで名人に身を委《ゆだ》ねることになり、名人は先《ま》ず私の両脚を揃《そろ》え、地べたについた足の側面の長さを紐《ひも》で計り、その紐を首から胸元へ一点、同じ寸法を背中へ一点、これを基本灸として頭から爪先まで順に据《す》えてゆくのだが、その痛さが並《なみ》ではない。とび上がるほどの激痛だが、とび上がる勢いも無いので歯を喰《く》いしばってこらえた。

やっと灸を据《す》え終えた名人、帰《かえ》り際《ぎわ》に一言「明日から自分でやりなさい！」だった。灸《きゅう》痕《こん》が残るから誰でも出来ると、家族が据えることになり、モグサのひねり方、火の点《つ》け方、指で押さえて火を消すタイミング等、諸々《もろもろ》伝授して帰られた。

特に灸を据える前の唱《とな》え、これが大切だと厳命《げんめい》！　私たちはこれを実践《じっせん》。

〝時《とう》ン知《ち》ラン日《ふぃ》ン知ラン、宍《しし》ン焼カン
肌ン焼カン、病《やんめー》ル焼チャビール〟

据える前にこれを唱えての素人ヤーチューでありながら、黄疸はうすらいで三週間くらいで完治したんです。唯々驚嘆《ただただきょうたん》！

古くから「医者《いさ》半分ユタ半分」と言われるが、私自身、今やかかりつけの内科、泌尿器科、皮膚科と鍼灸師《しんきゅうし》の四本立てで、なんとか延命《えんめい》を保っているのです。

第117話　お年寄り

孫が十八歳になった時のおじいちゃんの年が丁度《ちょうど》五十四歳ですから、じいちゃんが三十六歳に初孫ができたことになる。なんと早立身《りっしん》と思いがちですが、そのころではフツーの出来ごと、戦後すぐのころです。

御祝いや祭りごとに招待されるのは大人たち（二十五～四十歳くらい）だけで、五十歳にもなった老人が祝座に、のこのこ出掛《でか》けるのは物欲しげで見苦しいとして、お年寄りは留守番の人が多かったようです。

でも、「クレー、オジータマシ」（これは、おじい様の分）として馳走《ちそう》の苞《チトゥ》が家に届けられます。

祝座では初孫の十八歳も含め若者たち（十六～二十歳くらい）みんなで客に茶を出し馳走を運び、酒の酌《しゃく》をして回ります。人手が足らず皆、右往左往《うおうさおう》しているところへ気の利《き》く年長者(二十五歳くらい)が立ち上がり茶の加勢《かせい》などをすると叱られます。「二十五にもなってガキみたいに、うろうろすんじゃない！　みっともないから坐《すわ》っとれ！」と促《うなが》され、それを咎《とが》められたミスター25は、老人のようにタバコでも咥《くわ》えて座っているしかなかった。

もうひとりのお父さんは、我《わ》が子に美味《うま》いものを食《く》わせてやろうと、家にタバコを忘れ後で子が祝座に届ける、という算段《さんだん》をいたします。

「ハイ、オトー、タバク」と子が届けに来れば、祝座の人がそのまま帰すわけはありません。子は家に招き入れ馳走が振る舞われます。久しぶりのクヮッチーの美味、その子にとって、父親とタバコと馳走との相関関係《そうかんかんけい》は生涯忘れない！　と言ったその子は元楽団のバンドマスター、ナカモトK。今や齢《よわい》八十歳の大台に乗っている。

それにしても五十歳で人前に出ることを差しひかえるなんて、現代では考え難いことですが、事実です。

倭《やまと》の姥捨山《うばすてやま》伝説は、老人は口減《くちべ》らしのために山に捨てられたという宿命は、この島でも同じく「六十《ルクジュウ》カラー畦元《アムトゥ》ヌ下《シチャー》」のことば通り、六十歳になれば捨てられるという宿命であることは倭に同じです。

戦後私たちは、年相応になっても捨てられないで暮らしているのは、誠にラッキーなことだと思わなくてはいけない訳です。

第118話　人の若さと老い先と

決められた時間に薬を飲み続けて何年も経《た》つ私は、偶《たま》に飲《の》み忘れ、コナイダなぞ飲んだことを忘れ同じ薬を二度飲むという失態《しったい》。「それが痴呆《ちほう》です」と言われ、その兆《きざ》しは自身でもウスラ感じていた。

ある日知人に電話すべく電話帳を捲《めく》ったが名前が思い出せなくて参りましたネ！　もの忘れは思い出す努力をすべきと聞いていたので気張《きば》ってみると、成程《なるほど》名が出てきて一安心！　また別の日に久しぶりの知人からの電話の最中《さなか》「も、おいくつになられた？」と訊《き》いてきたので、一瞬タジッ！としたのは、自分の年齢が七と八どっちが先だったのか、つまり78歳だったのか87歳なのか、咄嗟《とっさ》のことで問いへの反応が鈍《にぶ》ったからです。

その話を聞いた若者が「で、おいくつと伝えましたか？」「ま、それはそれとして…」とかわしたつもりだったが「次回は正直に教えてあげなさい」と訓告《くんこく》してきた。

人間、若い頃は若く見られるのが嫌で、年をとると老人と思われたくないものです。

ある婆《ばあ》さんが自分の娘に「マーカラ、メンソーチャガ？」（どちらからいらしたんですか？）と問うのは、痴呆で人が誰だか判《わか》らなくなり、やがて自分のことも誰なのか認知《にんち》できなくなるのです。ま、そうならないうちに現世《げんせい》から身を引くことが出来れば一番潔《いさぎよ》いことですが、人は老いて足腰が弱ることで、より一層健康に気を配るようになります。つまりボケと足腰の不具合とが同時にやって来るので厄介《やっかい》なんです。

昔、日本の戦国武将の、名は忘れたが、朝いちばんに考えることは「今日が己《おのれ》の死ぬ日だ」と覚悟を決めることで、いつも泰然自若《たいぜんじじゃく》として居《お》れたといいます。

おや！私ですか？　朝が一番ウットーシーんです。「起きたら、ちゃんと歩けるんだろうか！」と不安の毎朝です。

件《くだん》の戦国武将の年齢はといえば、川中島の戦いで知られる武田信玄《たけだしんげん》は五十二歳で死亡。対する上杉謙信《うえすぎけんしん》も四十八歳で没。明智光秀《あけちみつひで》に襲われ「是非に及ばず！」という名言を残して自刃《じじん》した織田信長《おだのぶなが》も享年四十八ですから、安土桃山時代の武将たちはボケている時間などありません。

この若き天下人たちから私たちが学ぶものがあるとすれば、セーゼー年を重ね過ぎないことくらいでしょうか…。

第119話　幸若舞《こうわかまい》

昔、人の住む世の中とは別に「下天《げてん》」という所がありました。現世《げんせ》との違いは、ゆったりした時間の流れです。下天の一昼夜《いっちゅうや》（二十四時間）は現世の五十年にあたります。

下天を謡《うた》ったものに「幸若舞《こうわかまい》」という舞があり、かの織田信長が本能寺で襲撃される直前にこれを舞ったそうです。

源氏側の熊谷直実《なおざね》が平家側の平敦盛《たいらのあつもり》を討つという語りで、自らの太刀《たち》で紅顔の若武者を刺さねばならなかった無常観《むじょうかん》を謡ったもので、謡《うたい》は「人生五十年といっても、下天の時間と比べたらほんの一瞬のできごと。生まれた奴《やつ》は必ず死ぬぞ！」という内容のうた。戦国武将たちは挙《こぞ》って能を舞い謡で声を鍛《きた》えているため、皆良い声だったそうです。

見てきたように言うのもナンナンですが、殿がスック！と立ち上り「大儀であった！」というだけで将軍の風格があったわけです。

今、日本の政治家の中でお声があまりよろしくない方や、立《た》ち居《い》振《ふ》る舞《ま》いがそそっかしいのも、能や謡を身につけてないからだといわれます。

現代の職場長《おさ》の方々や政治を司《つかさど》る人々こそ、謡や能を身につければリーダーとしての品格も現れるというものです。

さしあたり沖縄の方であれば、古典音楽を手習うとか、組踊の唱《とな》えのお師匠に御指南《ごしなん》いたゞくのも良いでしょう。芸《げい》をマスターすることで美しい身のこなしと重厚《じゅうこう》な声を得られる筈《はず》です。

平成の今、この幸若舞の詩を暗唱《あんしょう》するビジネスリーダーたちが増《ふ》えているというのは、信長の心境、直実と敦盛らの心意を体感しているのか、自分の居場所と天下人とを対比しているのかも知れない。

〝人生は儚《はかな》いもの、儚くてよい！　夢でもよい！　今を真剣に生きよう！〟とこれを力強くオンドクしているのかも知れません。音読本から幸若舞を書き写しておきます。

〝人間五十年下天の内にくらぶれば　夢まぼろしの如くなり　ひとたび生《しょう》を享《う》け　滅《めっ》せぬ者のあるべきか〟

これを詩吟で謡うのが一般的ですが、大きな声でオンドクしても充分心地良いですよ。

第120話　拍子《ひょうし》

我《わ》が家が飼っている犬が水を呑《の》むとき大きな音をたてます。しかも三三七拍子「チャンチャンチャン、チャンチャンチャンチャン」と三拍子のあとの七が出来なくてズーッと三拍子のままです。

三といえば縁起《えんぎ》の良い数。日本の祝儀のひとつ「手打式《てうちしき》」も三拍子。また、昔やくざの方々による和解《わかい》の「手じめ」もチャンチャンチャンの三拍子。その柏手《かしわで》を九つ打ち、後にチャン！とひとつ打つのは、「九《ここのつ》」に「一《ひとつ》」丸くオサメルの意だと聞きました。

しかし、この三拍子と呼ばれる拍子、実は「チャンチャンチャン〇《うん》」、この〇《うん》のところが一拍休止のため正しくは四拍子なんです。

日本では古くから奇数《きすう》はめでたい数。男子は三歳と五歳、女子は三歳と七歳を七五三の祝とします。また盛大な祝宴ともなれば、料理も正式な膳立《ぜんだて》となり、「一の膳七菜、二の膳五菜、三の膳三菜」すべて奇数と記されています。文字も「七五三縄《しめなわ》」とも書くようです。

奇数でスゴイのは宮古島の「クイチャー踊り」の中にもあります。歌は、まぎれもない四拍子に対し、七拍子の拍手を打ちをどります。「踊る」というより祈っていたら、こんな容《かたち》になってしまった！という感じです。人の動きの必然性さえ感じてしまいます。

いまひとつ伊是名島に残る「ティルクグチ」は、端正《たんせい》な四拍子の節に音取《にぃとぅ》いが謡《うた》い、多勢の踊り手は五拍子の柏手を打ち踊りはやします。

スゴいと思えるのは、五拍子でからだをゆすり乍《なが》ら四拍子で歌うところがたまらない。かりに正式に舞踊を修得《しゅうとく》した人や本格的に西洋音楽を身につけた人にはこんなヤヤコシーこと出来っこありません。

それにしても良くぞ四拍子で歌い乍ら五拍子の柏手が打てるものだと、ほとほと感心するばかりですが、それは理屈《りくつ》ではなく、からだの中の遺伝子が覚《おぼ》え動いているからです。「見せてやる！」というケレンも無いため演者皆《み》んなが無念無想《むねんむそう》の境地《きょうち》にあるのです。

今や、この島の七月エイサーが様変《さまが》わりしたように、民俗芸能は変化するものという宿命ではあっても、クイチャーもティルクグチも、ある意味で世界に冠《かん》たるものですから、どうか、その昔のまんまの容《かたち》を墨守《ぼくしゅ》してください！と願っているのです。

第121話　お星さま

金星という星は地球のスグ側《そば》にあるため、大きく見え、金のようにピカッ！と光っているため金星と呼ぶんだろうか！

この星を西洋ではヴィーナス、中国では「太白星《たいはくせい》」、日本では西の空では「宵の明星《みょうじょう》」、東に出れば「明けの明星」と呼ばれる。

そこには酸素はなく、二酸化炭素で覆《おお》われ温度が四〇〇度もあっては生きものなどいる訳無い。

沖縄で宵の明星をユーバンマンジャー、晩めしを欲しがって出るという。西洋のヴィーナス（女神）に対しマンジャー（物乞《ものご》い）だなんて、まさに赤貧《せきひん》の民《たみ》！　ぴたり良い名をつけましたな！

明けの明星を「ヨーカーブシ」、北斗七星は「ナナチブシ」、彗星《すいせい》は「ホーチブシ」です。日本でも「箒星《ほうきぼし》」は災厄の星と恐れられ、戦時下、島のお年寄りが、ホーチ星見た見た！戦争が始まるぞ！と大騒ぎして、しばらくして艦砲射撃《かんぽうしゃげき》に見舞われました。

その他、子《ね》の星（北極星）は、いつでも真北にあるため方位の目印でした。

“夜《ゆる》走《は》らす船《ふに》や　子《に》の端星《ふぁぶし》目当《みあ》て　我《わ》ん生《な》ちぇる親《うや》や　吾《わ》んど目当《みあ》て”

（夜の航海は子の星が頼り、私の母は私を頼りに生きて居られます）親孝行のすすめです。

太陽に一番近い水星は水一滴もなくモーレツに熱い星です。地球の一昼夜は二十四時間ですが、水星では昼だけが三カ月も続くらしい。温度も四〇〇度、逆の長い夜になるとマイナス一〇〇度以下、太陽のスグ側で氷点下？

いつもいつも恐縮ですが又、彼《か》のアインシュタインのことばを思う。

「世の中、森羅万象《しんらばんしょう》のすべてを科学の力で説明出来るものなど無に等《ひと》しい」。ヤッパシ……。

それからオリオン座の三つ星（ミチブシ）はギリシャでは狩人、沖縄では長寿の星。

“天《てぃん》の群《ぶ》り星《ぶし》や　皆《んな》が上《うぃ》ど照《て》ゆる　黄金三星《くがにみちぶし》や　吾上《わうぃ》ど照《て》ゆる”

（天の群れ星は多勢の人を照らし　有難き三星は私だけを照らします）

自分だけは誰よりも長寿でありたいというチョイ欲張りのうたです。

「なにが長寿か！　俺ぁ、そんなつもりでオリオン座しててんじゃぁネー！」と叱られますネ！

それから地球が太陽を一周する時間は三六五日、お隣りの火星は一年が六八七日、木星での一公転《いちこうてん》は十一年もかかる。土星は二十九年もかかるらしい。星それぞれって奴《やつ》です。

第122話　西洋の名言

人は噂《うわさ》されるよりも、もっと嫌なことが、ひとつだけある、噂されないことだ。

オスカー・ワイルド（英）

仰《おっしゃ》る通り昔の琉歌に似たようなものがある。

ほまれそしられや　世の中の習ひ　沙汰の無いものの　の役たちゅが

具志頭親方文若《ぐしちゃんうぇかたぶんじゃく》

噂のひとつもない奴が何が出来る！という詞《うた》だ。

外見で人を判断しないのは愚か者だ。

オスカー・ワイルド（英）

沖縄の「上辺美《うわびちゅ》らあが内根性《うちくんじょう》」とは見た目はカッコイイが中身がアキマヘンという意だが、やはり人は外見が一番のようです。

西洋の名言で、いかにも！と思えるものと、生活習慣の違いから、ん？と首をかしげるものとがある。少しばかり抄出《しょうしゅつ》してみた。

幸福とは幸福を探すことである。

ジュール・ルナール（仏）

幸福なぞ探して見つかるものではない。嬉《うれ》しいときが人は幸福なのだ。

人間は意欲することと、創作することによってのみ幸福である。

アラン（仏）

創作は他人に幸福をもたらすことはあっても、自身はその意欲のせいで終生《しゅうせい》、不幸を背負《しょ》ったまま生きることになる。

なりたい自分になるのに遅すぎるということはない。

エリオット（英）

なりたい自分になれる人など、ほんの一握《ひとにぎ》りに過ぎない。しかしなるべくしてなる自分には誰でも必ずなれる。

絶望の中に焼けつくような快感がある。

ドストエフスキー（露）

ここは沖縄南の島よ、焼けつくようなものはお断り、日常ヒジュッテン（ひんやり感）を快感としておりますので……。

愛するそれは、お互いを見つめ合うことではなく、いっしょに同じ方向を見つめることである。

サンテグジュペーリ（仏）

この島では、お互いを見つめ合う習慣が、まるでない。いっしょに同じ方向を見つめるなどモッテノホカ！　そんなことしたらフラーと言われる。

その人の書棚を見れば、どんな人かがわかる。

どなたのお言葉だろうか！　僕には書棚がない、僕ってそんな人だったんだ……。

第123話　札入《ふだい》り

投票日に「オバー、札入リカイ参《め》ンソーチー」（おばー、投票行きましたか？）

「行ジャンドー」（行って来たよ）

「誰《たー》ンカイ入《い》リミソーチャガ」（誰に入れましたか？）

「ヤクトヨー、クリウテー、二所《たとぅくる》カラ強《ちゅう》ク、カキラットーク、カタジェーナラン、二人《たい》ガ苗字《のうじー》書《か》チャサ」（今度は両方から頼まれたんで不公平にならないように、ちゃんと二人の名前書いたよ！）

　もうひとりの方、

「イッティ参《も》ウチャンナー」（入れましたか？）

「キッサ！」（とっくに）

「字《じぃ》ヤ書チチミソーチ」（文字書きましたか？）

「ヌーガ我《わ》ンネー、字ヤ書チューサンチナー」（字が書けないとでも言うのか！）

「仮名《かな》ヤレー、ジェンブ判《わか》ユンドー」（仮名文字はすべて書けるぞ！）

「アンシ、ターンカイ入リミソーチャガ？」（どなたに投票した？）

「多《うふ》サル中《なーか》マシンディクトゥ、我ッター子《くゎ》ヌ達《ちゃー》カラ、家人数《やーにんじゅ》、皆《んな》ガ苗字《のうじ》イッソーチキティ書チャンドー」（多い方が当選すると聞いていたので家族全員の名を書いてきたよ）

　投票はするが不満の声もある。

「ヌーガ、ウンナバーニダキ上《うぃ》ンカイ立《た》チュル、人《ちゅ》ヌ下々《しむじむ》ヌ、ワッタンカイ、グリーパンパンシ、歩《あ》ッチュシェー、如何《ちゃー》ル成行《なりゆち》ヤガ」

「ヌーンチ、議員ナイブサー、スガヤー」

「ドゥク、フィルマサヌ……」

「アイ、儲《もう》キーンチテーヌーガ」

「アラノーアラニ、チャッサ儲《もう》キクトゥ」

「百万円ナーン、アイルスルイ！」

「狂《ふ》リムニーシ、億《おく》ヌ銭《じん》トゥインディル、ハーナシードー」

「ハーヤー、ウサキーナーアレー誰《たあ》ガヤティン、シールスル！」

「儲《もう》キジュクナティル、グリーシ歩《あっ》チュルイ」

「人《ちゅ》ニカカヤーテー、ヌーガ本当《ふんとう》ヌ政治家アネーアランドー、人《ちゅ》ヌ幸福《しあわし》考《かんげ》ェティ立派トゥジュミールハジドー」

「アンヤリワルヤル」

「アンシン良イ《い》業《わじゃ》ヤー政治家ア」

「ワンニン立《た》ッチンージュガヤー」

「汝《いやー》ヤ高校ン歩《あ》ッチュルアタイヌ、学門《がくむ》ノーアティン、ジンブンヌ、イキラサヌヤー」

「ナランチョールバーナー？」

「アネー、アランシガ、容貌《かーぎ》ンマンドーレーシムシガ、ウヮーバグトー、サンシェーマシヤー」

「タムチェーアラニ？」

「ムチカサンヤー！」

「汝《いやー》ガ言《い》セー良《い》ク判ッタ！」

「アイ、日本語ヤサヤー」

〈ゆくい語り〉

私は職人、頼まれたら書かんといかん

2018年12月3日（月）琉球新報掲載より

――120回の連載を終えての感想は。

「数え86歳から始め、書きためていたんです。50回くらいで終わるつもりだったんですが、調子に乗ってよく120回も続きましたね。自分でも驚いています。連載なんて初めてだから。しかも本になるなんて」

「年を取るといろんなことが気になるじゃない。老人の証拠だなと思いましてね。老人が書くと自慢話か愚痴か、説教ですよね。そうならないように注意しました。テーマはどんどん出てくる。どんどんあらぬ所に行くよね」

――連載に対する周囲の反応はどうでしたか。

「まず、意味分からんと。小難しいとね。老人の文章ですから。難しい漢字もつい使うんです。劣等生の特徴なんですよ。でも、できるだけ優しい言葉で書くよう努力しました

よ。漢字には意識的にルビを振った。難しい漢字は読む気にならないという方々、本を読む人以外の人に読んでいただきたかった」

——音楽家としての裏話は少なかった。音楽のことはあまり書きたくないと書かれていました。

「音楽家の話はたくさんあるけど、あんまり書きたくない。音楽仲間が集まって音楽の話はあまりしません。仕事としてやっている音楽から逃げたいというか、逃げてリラックスしたいんです」

——これまでインタビューなどと共通のユーモアと少しの毒気がありました。

「しゃべりたいことを文字にしただけですから。毒気があるかは分からないけど、ちょっとふざけていると言う人はいるかも。でも本人は大真面目です」

——子どもの頃の話や病気をした話は今まであまり公にしてこなかったのでは。

「私にとってはとても大事なことです。まあ、ネタ切れかな。でもみんながびっくりするし、へえって言うから、じゃあ書いていいなと」

——ウチナーグチのうんちくがすごい。

「私はほぼウチナーグチで育ちました。ウチナーグチオンリーです。皇民化教育は台湾、琉球（沖縄）、朝鮮でありましたが、沖縄だけが今も日本だ。なぜだろうという疑問がある。

20歳から30歳まで大阪にいたけど、朝鮮の人は朝鮮語で堂々と闊歩《かっぽ》している。僕たちは沖縄人とばれたらいかんとウチナーグチを使わず、使ったら叱られた。なんでそんな努力をするのか理解できなかった。父親たちは、琉球人お断りの時代だったから。ウチナーグチはだんだん使われなくなっているが、仕方がないと思っている」

――作曲を始めたきっかけは。

「音楽の勉強をして、弦楽器をやっていた。ギターと三線、それからバイオリンもやった。しかし、性に合わんと、カメラマンになろうと沖縄に帰ってきた。沖縄の人間の写真を撮りに帰ってきたつもりが、親父《おやじ》は音楽の人。その人の長男が帰ってきたということで民謡の人たちがどっと集まって来て抜けられなくなっちゃった」

LP盤「沖縄の心をうたう若者たち」(ビクター音楽産業KK)の収録で、ギターを演奏する普久原恒勇さん＝1975年

「作曲はやる気は全然ない。親父《おやじ》の曲を1、2曲編曲したが、音楽をやるっていう気は全然なかった。当時は、古い民謡じゃなくて新しい民謡が売れた時代。新しい曲を待ち望んだ歌手たちから、作曲してみろということになった」

――1961年に最初の曲「月眺み」、65年に「芭蕉布」、66年に「ゆうなの花」を作りました。

「『芭蕉布』が転機だったね。がらっと変えてみたからね。民謡とは別の物ですから。民謡界からは反発食らいましたが」

――500を超える曲を書いてこられました。どんなときに曲ができるんですか。

「私はこれを書けと言われたら書く請負人、つまり職人。芸術家じゃないからね。頼まれたら書かんといかん、断るのは失礼。スランプはなかったかな。書いたものは全て録音できました。皆さんのおかげです」

普久原恒勇氏＝2018年11月23日、沖縄市の普久原恒勇音楽事務所

沖縄音楽を乱用するな　音階熟知して使って

――最近の沖縄の民謡界について。

「苦言を呈することになりますからあまり言いませんけどね。世代の違いあるでしょ。理解できないところもある。でも本当にやりたいことができる時代。僕らができないことをする。若いお客さんに喜んでもらえたらそれでいいと思うし。歌は世につれ、と言うから。われわれは化石みたいなもんですから、それでいいと思っています」

――歌、音楽には国境があると持論を語ってきました。

「音楽に国境なし、という言葉があるが、私はそうじゃない。今の音楽を聞いたら世界中どこの国のものか区別がつかない。人種が交ざり込んでどこ人というのがなくなるように、音楽もそういうことになってきたのかなと。ただ、沖縄の音楽を乱用してほしくない。琉球音階を熟知してから使っていただきたい。それが、国境あれ、ということ」

――これからは音楽だけでなくエッセイスト、批評家としても活躍していただきたい。

「また書こうとは考えていませんよ。そそのかす人がいたらすぐ乗るけど」

（聞き手　琉球新報社文化部長・米倉外昭）

あとがき

何事も世間一般の常識にとらわれたくないというお考えなのだろう。普通は筆者が「まえがき」「あとがき」を書くことが多いと思うが、連載の担当者に書けとおっしゃる。まえがきは連載開始時の文化部長であった小那覇安剛が、あとがきはその後を引き継いだ私が書くことになった。

連載を一年八カ月担当した。手書き原稿が五本ほどずつ郵送で届く。難しい漢字とウチナーグチが満載で、すぐには呑み込めない。入力して活字にして読み返し、ようやくその世界が見えてくる。そんな繰り返しだった。

印象的だったのは、ウチナーグチとはこんなに豊かなのだということだった。蘊蓄《うんちく》、諧《かい》謔《ぎゃく》にあふれ、新聞には載せづらい色っぽい内容もあった。普久原さんにしか書けない世界ではないだろうか。消えつつあるウチナーグチの豊かな表現を書き残しておきたいという思いを感じた。

音楽のことは書きたくないと書いておられる通り、楽屋話や人物評はほとんどなかった。しかし、音楽・芸能に対するあふれんばかりの思いがそこここにちりばめられていた。ヤマト芸能に対する造詣の深さも読み取れた。「普久原メロディー」の底に流れるものの一端が明かされているように思う。

連載は、琉球新報の毎週日曜日の読書欄に二〇一六年八月七日から二〇一八年十一月二十五日の一二〇話まで。当初、人間の煩悩の数とされる一〇八回の予定だったが、一二〇回まで伸びた。さらに出版に際して、三話が追加され、連載終了時に掲載したインタビュー企画の記事も収録した。このインタビューでは「職人」として音楽に向き合ってきた矜持を強調しておられる。

出版に際し、毎回難しいテーマの挿絵に挑み、本のために素晴らしい絵を描いてくださった古謝茜さんに感謝します。出版を担当した新星出版の坂本菜津子さん、文化部で手伝ってくれた大城徹郎さん、金城実倫さん、狩俣悠喜さんにも感謝します。

本書は普久原恒勇さんの初の自筆単著です。まだまだ書きたいことが湧き上がってきているに違いないでしょう。作曲家として現役でおられるが、これからはエッセイストとしての活躍も期待します。ぜひ書き続けてください。

琉球新報社編集局ニュース編成センター副センター長　米倉外昭

絵・古謝　茜

普久原　恒勇（ふくはら・つねお）

　１９３２年大阪市西淀川で生まれ、民謡界の大御所で太平マルフクレコード創業者の伯父普久原朝喜の養子になる。６歳から戦争を挟んで49年まで沖縄で幼少年時代を過ごす。49年に大阪に戻り、朝喜の下で修業のかたわら、西洋音楽を学ぶ。59年から沖縄で琉球古典音楽や琉球民謡のプロデュースに携わる。61年から作曲を始め、65年「芭蕉布」、66年「ゆうなの花」など「普久原メロディー」と呼ばれる歌曲と、これまで沖縄に存在しなかった民族楽器による新しい器楽曲を生み出した。作曲数は５００を超える。第１回宮良長包音楽賞（２００３年）など受賞多数。

ぼくの目ざわり耳ざわり

２０１９年９月２日　初版第１刷発行

著　者　普久原　恒勇
発行者　玻名城　泰山
発行所　琉球新報社
〒９００－８５２５
沖縄県那覇市泉崎１－10－３
問合せ　琉球新報社読者事業局出版部
電　話（０９８）８６５－５１００
発　売　琉球プロジェクト
制作・印刷　新星出版株式会社

ISBN978-4-89742-247-3 C0095
定価はカバーに表示してあります。
万一、落丁・乱丁の場合はお取り替えいたします。